Franziska Wolffheim kennt »ihren« Gardasee im Frühling so gut wie im Winter: »An manchen kalten Tagen ist der Himmel königsblau, sind die Konturen so glasklar, daß jede Burgzinne, jeder Berggipfel wie gestochen wirkt. Die Blätter der Olivenbäume leuchten silbrig in der Sonne. Auch das ist der Gardasee: Der Süden im Norden. Wenn sich abends ein rosarotes Licht über das schneebedeckte Monte-Baldo-Massiv senkt, stehe ich plötzlich mittendrin in der Kitsch-Postkarte. Aber jetzt habe ich sie fast für mich allein.«

Franziska Wolffheim führt den Leser von Gargnano nach Salò, von Sirmione nach Lazise; sie weiß über jeden Ort Geschichten, kennt den gläubigen Klomann Paolo, die einzige Berufs-Fischerin Rosella, sie trifft auf Goethe in Malcesine und weiß, wie es auf dem Mönchsberg von San Giorgio zugeht.

Sie erzählt vom »Vorgeschmack auf das Paradies«, den köstlichen Menus aus Lachs-Mousse, Perlhuhn, Pasta mit Steinpilzen, Trüffeln und Dattelstrudel, und sie weiß auch, daß an Silvester jeder eine rote Unterhose trägt: Rot, das Symbol für Glück und Liebe, soll auch den Neid der anderen abwenden.

»Das ist mit leichter Hand geschrieben, nicht mit erhobenem Zeigefinger, das klingt ein bißchen nostalgisch, aber niemals verstaubt. Prädikat daher: lesenswert.« DIE ZEIT insel taschenbuch 3194

Franziska Wolffheim

Gardasee

Franziska Wolffheim

Gardasee

Wo der Süden beginnt

Insel Verlag

Umschlagfoto: getty images

insel taschenbuch 3194
Erste Auflage 2006
Insel Verlag Frankfurt am Main und Leipzig

Vertrieb durch den Suhrkamp Taschenbuch Verlag
Umschlag: Michael Hagemann
Satz: Hümmer GmbH, Waldbüttelbrunn
Druck: Druckhaus Nomos, Sinzheim
Printed in Germany
ISBN 3-458-34894-8

1 2 3 4 5 6 – 11 10 09 08 07 06

Inhalt

Inhalt

Wo der Süden beginnt

Das Paradies ist nebenan. Verläßt man die Brenner-Autobahn, ist man ganz plötzlich mittendrin. Oben am Stiefelschaft Italiens ist all das zu haben, wovon sehnsuchtsvolle Deutsche – ich auch – das ganze Jahr hindurch träumen. Rund um den See strotzt die Natur so hemmungslos, daß man sich verwundert die Augen reibt. Ein Hauch von Mittelmeer – und die Alpen drum herum. Kaum ein Winkel bleibt ungenutzt, viele Deutsche haben hier, zwischen Pinien und Heckenrosen, ihre südliche Dependance: im Norden, wo der See schmal wie ein Flaschenhals ist, oder im Süden, dem bauchigen Teil, wo die Natur lieblicher wird und Hügelketten sanft ineinander gleiten. Eine Landschaft, die alles hat – Enge und Weite, Ebene und Höhen – und die jeden durch die Dynamik der Kontraste ständig neu fordert. Dazwischen kleine Kirchen aus Naturstein und mächtige Skaliger-Burgen mit treppenförmigen Zinnen – manchmal glaubt man, sie seien einfach aus der Landschaft emporgewachsen.

Wo ist der zehnstöckige Hotelklotz, der das harmonische Bild zerstört? Wer durch die engen Gassen der Dörfer schlendert, wird auf kein einziges Gebäude stoßen, das höher gebaut ist als eine Zypresse. Die Häuser sind in Ocker oder Pompejanischrot gestrichen, manchmal blättert ein wenig der Putz, und dem Amor fehlt der Kopf – der diskrete Charme des Vergänglichen, der so gut zu dem weichen Licht und den fließenden Konturen paßt. In Gardone leuchtet die elegante Fassade des

Grand Hotel in der Sonne, prächtige Villen ziehen sich den Hang hinauf – Grandezza von gestern. Am Schiffsanleger stehen die Männer der *Navigarda* in ihren Operettenuniformen, zünden sich in aller Ruhe eine Zigarette an, während ein paar Schwäne langsam auf das Ufer zusteuern. Eines der vielen Postkarten-Motive, die am Gardasee gar nicht erst gestellt werden müssen, da sie sich von selbst dem Betrachter aufdrängen. Ein Leporello der perfekten Kulissen, die manchmal ganz leicht ans Klischee schrammen. Was nicht heißt, daß man sie deshalb weniger mag.

An Italiens größtem See kann man sehr schnell zum Landschafts-Flaneur werden, irgendein Pfad oder eine schmale Straße hügelaufwärts findet sich immer. Wer sich treiben läßt, kommt an verfallenen Höfen und verwuselten Gärten vorbei, zwischen Tomatenbüschen und Oleanderhecken steht eine alte Waschmaschine, und aus der umgedrehten Trommel ranken die Blätter einer Kübelpalme. Keinem fällt es hier ein, Zier- und Nutzgarten zu trennen und als Demarkationslinie eine Reihe von neckischen Zwergen zu postieren. Die Idylle liegt in der Improvisation. Oliven, die magischen Bäume, wachsen überall wie Unkraut auf Terrassen, aus Mauerresten oder verfallenen Brunnen. Unter Feigenbäumen liegen Ende September die aufgeplatzten Früchte, umschwirrt von Wespen, und wer ein bißchen nachhilft und schüttelt, dem fällt eine reife Frucht regelrecht in den Schoß, honigsüß und knirschend zwischen den Zähnen, eine gezielte Verführung der Natur.

Das Paradies ist üppig, aber auch heillos überlaufen. Zur Hochsaison setzt die große Völkerwanderung aus dem Norden ein: Surfer, Wanderer, Camper, Gipfelstürmer, Gruppenreisende, Individualisten auf der Suche nach dem abgelegenen Landhaus mit Seeblick. Manche Leute bezeichnen den Gardasee als Deutschlands 18. Bundesland – nach Mallorca. In den Surfer-Hochburgen im Norden und in vielen Orten am Ostufer kann man immer beides haben: deutsch sprechen und italienisch genießen. In einigen Städten sind die Schilder grundsätzlich zweisprachig – manchmal sogar nur einsprachig. Wer nach Garda oder Bardolino reist, kann auf akkurat bepflanzten Promenaden wandeln, bekommt mehr Strand und mehr Heimatgefühl für sein Geld als auf der gegenüberliegenden Seite. Am Westufer, wo die Sonne früher hinter den Bergen verschwindet und keine Autobahn die Anfahrt erleichtert, ist das Lebensgefühl italienischer – aber auch hier gibt es deutschsprachige Biotope: Wanderer, kommst du nach Limone ... Mehr noch als die Touristen halten Italiener West- und Ostufer für zwei getrennte Welten. Zwar gibt es eine Autofähre zwischen Torri und Maderno, aber Einheimische schiffen sich nur ungern ein: Das andere Seeufer ist für sie grundsäzlich weit weg, gehört zu einer anderen Region und überhaupt ... Drei Länder stoßen am Gardasee zusammen – Lombardei, Trentino und Venetien –, aber das verpflichtet noch lange nicht zur harmonischen Dreieinigkeit. Der »campanilismo«, der Lokalpatriotismus, wird überall gepflegt, und selbst die Bewohner von Nachbardörfern sprechen nicht unbedingt denselben Dialekt. Einheimische denken gar nicht daran, sich darüber zu wundern – das bleibt den Fremden vorbehalten.

Am Gardasee ist der Tourismus überall und nirgends. Wenn in Gardone alle Cafés bevölkert sind, hat man oberhalb, in Gardone sopra, eher seine Ruhe. Auch andere Seeorte sind doppelt zu haben: Fasano – Fasano sopra, Maderno – Montemaderno. Also Wasser- oder Hügellage, Herden- oder Einzelgängertrieb. Besonders gern mag ich den Gardasee bei Regen, wenn die meisten Gäste aus den Cafés an der Promenade flüchten und nur noch die Möwen auf und ab spazieren. Wenn die Tropfen kleine Löcher in die Wasseroberfläche reißen oder sachte von den silbergrünen Blättern der Olivenbäume gleiten. Himmel und See haben die Farbe von zerstoßenem Schiefer, die Berge am gegenüberliegenden Ufer sind einfach abgesoffen. Ein paar Angler stehen in grünen Umhängen am Wasser und freuen sich, daß die Fische wieder beißen. Einer von ihnen hat ein Kofferradio dabei, und aus dem Kasten ertönt Adriano Celentanos rauchiger Refrain »Azzurro ...« Dann denke ich an heiße Sommertage, wenn der See im Mittagsdunst liegt, uferlos und endlos wie das Meer, Himmel und Wasser fließen blaugrünblau ineinander, und gerade in der Unschärfe liegt so viel Verheißung.

Der Größenwahnsinnige von Gardone

Am Gardasee gibt es eine Vielzahl irdischer Paradiese, in die man sofort einziehen möchte: Villen, Burgen, Orangerien, Lustschlösser, Wintergärten oder – warum nicht – alte Ölmühlen. Ich würde mir ein Turmzimmer im *Grand Hotel* von Gardone wünschen. Schon von weitem, wenn das Schiff auf den Villenort zufährt, sieht man den schmalen Turm, dessen Spitze direkt in den Himmel zeigt. Ganz oben würde mein Zimmer liegen, ich bin für mich und trotzdem mittendrin, kann mit den Augen am Ufer entlangspazieren, habe abends eine halbe Stunde länger Sonne und den schönsten Monte-Baldo-Blick. Und ich bin so weit weg von den anderen Gästen, daß ich ungestört durch die Vergangenheit des Hotels gehen kann. Vladimir Nabokov, Somerset Maugham oder Winston Churchill waren hier einmal zu Gast, und ich stelle mir vor, wie sie auf der Terrasse sitzen, den Booten hinterhergucken und ihren Gedanken nachhängen. Nabokov malt sich vielleicht die seltenen Schmetterlinge aus, die er am nächsten Tag in Gardone sopra fangen will. Somerset Maugham, der scharfsichtige Analytiker, studiert die Schwächen der Hotelgäste und prüft, ob sie als Romanfiguren tauglich wären. Und Winston Churchill, der 1949 zum Zeichnen herkam, guckt sich die besten Motive für seine Bilder aus; vielleicht ist die Staffelei aber nur ein Vorwand, und er sucht nach geheimen Dokumenten aus dem Nachlaß Mussolinis.

Heute wirkt das rund hundert Jahre alte Hotel inmitten des Massentourismus fast anachronistisch, wie ein angegrauter Don Juan, der nostalgisch auf spannendere Zeiten und Eroberungen zurückblickt. Die Kundschaft ist jetzt weniger exklusiv, häufig reisen die Touristen in Gruppen an. Gegen die Profanierung hilft nur eins: die Form zu wahren. Ein Gast, der zum Abendessen in Shorts erscheint, wird vom Personal diskret zurechtgewiesen und muß sich umziehen. So ist das *Grand Hotel* Gardone auch eine Bastion gegen den Zeitgeist. Eleganz soll ebenfalls das verschnörkelte Hotel-Emblem »ghg« demonstrieren, das auf jeder verfügbaren freien Fläche auftaucht: von Servietten, Aschenbechern, Liegestühlen bis zu ausgerollten Stoffbanderolen. Beste Jagdgründe für Devotionalien-Sammler.

Gardone ist ein gutes Beispiel dafür, wie sich die Identität eines Seeorts innerhalb kurzer Zeit komplett gewandelt hat. Zur Zeit der italienischen Einigung, des Risorgimento, war Gardone ein Fischerdorf. Dann wurde es – ähnlich wie Desenzano oder Riva – mondänisiert. Die Verwandlung geht auf das Konto eines gebürtigen Wieners: Louis Wimmer. Der italophile Ingenieur baut 1882 in Gardone das *Albergo Pizzocolo*, das später zum *Grand Hotel* ausgebaut wird. Wimmer ist für die Bewohner des rückständigen Dorfes eine Lichtgestalt: Er kurbelt den Bau eines Aquädukts oder die Eröffnung eines Postamts an und wird sogar zum Bürgermeister gewählt. Ärzte, Industrielle, Ingenieure aus Deutschland entdecken ebenfalls den Charme der alpin-mediterranen Kulisse und bauen Hotels und Kuranlagen. Was Gardone attraktiv macht, ist das milde Winterklima, und so wird der Ort eine Fluchtburg für Lungenkranke, Rekonvaleszenten, distinguierte Damen mit Schlecht-Wetter-Depressionen und vergnügungssüchtige Flaneure. Im Baedeker von 1909 heißt es, Gardone Riviera sei »der wärmste Ort Norditaliens«. Auch der deutsche Schriftsteller Paul Heyse nimmt hier Quartier und schreibt seine *Novellen vom Gardasee*. Allmählich entsteht in Gardone eine deutsche Kolonie, deren Ausmaß die heutige Teutonisierung bei weitem übertrifft. Es gibt eine deutsche Schule, eine deutsche Zeitung, *Der Bote vom Gardasee*, und einige Hotels tragen skurrile Namen wie *Locanda Goldner Fisch* oder *Hotel Ristorante Dampfschiff*. Aus den Gästelisten des Jahres 1909 geht hervor, daß von den insgesamt zehntausend Besuchern nur einhundert Italiener sind. Deutsche, Russen, Polen und Norweger zieht es an den Zauberort am See, der – anders als die Hochgebirgskulisse in Thomas Manns berühmten Roman – lieblich und außerdem leicht zugänglich ist. Die Einheimischen verfolgen die rasante Germanisierung des Gardasees jedoch mit Argwohn, und die Stadtverwaltung von Gardone ergreift Initiativen gegen die grassierende Zweisprachigkeit. Doch dann bricht der Erste Weltkrieg aus, und im eleganten Theater gehen die Lichter aus – das Kurleben ist mit einem Schlag beendet.

Nach dem Krieg beginnt die Italianisierung der Riviera. Vorangetrieben hat sie ein glühender Nationalist, der sich zu Beginn der zwanziger Jahre in Gardone ansiedelt: Gabriele D'Annunzio. Seiner Popularität ist es zu verdanken, daß Gardone zu einem Treffpunkt von Adel, Kultur, Chichi und Schickimicki wurde. D'Annunzio, ein notorischer Frauenheld, unterhielt hier seinen privaten Harem, den er mit allerhand neckischen Nippes ausstaffierte, darunter Lederslipper mit Phallussymbolen. Die Wohn-Kulisse, die sich der Schriftsteller in Gardone sopra errichtete, nannte er »Il Vittoriale« (Siegesmal), später wurde der Ort zum nationalen Denkmal. D'Annunzio wohnte hier von 1921 bis zu seinem Tod 1938, zog sich allerdings immer mehr von der Welt zurück. Zweifellos ist das Vittoriale die bizarrste Sehenswürdigkeit am Gardasee – und das Monument eines Größenwahnsinnigen. Der kriegsbegeisterte Autor ließ sich von der faschistischen Regierung aushalten und stand in gutem Einvernehmen mit Benito Mussolini. Die Kunst der Selbststilisierung beherrschten sie alle beide, der Dichter und der Duce. Eine Postkarte, die heute im Souvenirladen von Gardone sopra ganz selbstverständlich auf einem Ständer klemmt, zeigt die beiden Männer ins Gespräch vertieft. Passenderweise sitzen sie in einem Torpedoboot, das aus dem Ersten Weltkrieg stammt und in dem weiträumigen Park des Vittoriale steht. Von solchen Geschmacklosigkeiten strotzt die Anlage, mit der D'Annunzio sich für die Nachwelt verewigen wollte. Inmitten von Zypressenhainen stößt der Besucher plötzlich auf ein halbes Kriegsschiff, auf dem der Dichter in den Schlachten um Dalmatien gekämpft hat. Am meisten befremdet das Mausoleum aus weißem Marmor, das in seiner faschistoiden Klotzigkeit beängstigend steril wirkt. Perverse Prachtentfaltung in lieblicher Hügellage.

Vor D'Annunzios Wohnhaus warten im Sommer Trauben von Touristen, unter ihnen viele Italiener. Wer aus strahlender Sonne in die Villa kommt, fühlt sich wie in einer Camera obscura. Dunkle, holzgetäfelte Räume, die Fenster aus Bleiglas, so daß das Tageslicht nur gedämpft eindringt – D'Annunzio mied wegen einer Augenverletzung das direkte Licht. Heute ist die Villa ein Museum, aber im Grunde war sie das auch schon zu Lebzeiten des Dichters. Sigmund Freud hätte hier einen Bilderbuch-Fall von Sammlerwut vorgefunden. Die Kunstschätze erdrücken den Besucher nicht allein wegen ihrer Menge, sondern vor allem, weil sie ein unglaubliches Potpourri darstellen: indische Buddhas, orientalische Lampen, Kopien griechischer Statuetten, chinesische Vasen, kostbare Kunstbände und Fotografien. Selbst im Badezimmer herrscht dekadente Maßlosigkeit: Rund 900 Objekte – Flacons und Figurinen, Schälchen und Bürsten – sind hier zu sehen. Im Arbeitszimmer D'Annunzios, dem einzigen Raum, in den etwas Tageslicht eindringen durfte, steht eine Büste der Duse, allerdings verhüllt: Der Dichter konnte beim Arbeiten den strengen Blick seiner Muse nicht ertragen. In seinen letzten Jahren brachte D'Annunzio keine Zeile mehr zu Papier. Alter, Einsamkeit und Verfolgungswahn quälten ihn so sehr, daß er regelmäßig zu Kokain griff. Einen Halt gab ihm nur noch die Welt der Objekte, die er in seinem Maulwurfsbau auftürmte. »Beim Aufwachen wurde ich vom Zorn überfallen; ich bemerkte, mit einem Sphinx- und einem Lynx-Auge, daß zwei wertvolle Gegenstände verschwunden waren. Wie sehr liebe ich all die Dinge!« soll er einmal gesagt haben. Kein Zweifel: Im Vittoriale hatte sich jemand eingerichtet, der ständig gegen die eigene Vergänglichkeit anrennen mußte: durch die radikale Ästhetisierung seines Lebens.

Ein Nachbar von Gabriele D'Annunzio ist Agostino Giacomini, Jahrgang 1958, der in Gardone sopra ein Restaurant betreibt. Im *Grand Hotel* von Gardone hat er mal als gehobener Koch – Saucen und Hauptgerichte – gearbeitet. Heute serviert der aus Treviso stammende Berufs-Gourmet nicht mehr jeden Tag, sondern nur auf Vorbestellung – »keine Pizza!« Er trägt einen Pferdeschwanz und selbst beim Kochen eine Krawatte – über die Schulter geworfen, damit sie ihm nicht in die Sauce stippt. Agostino redet gern. Über Nietzsche, über »die Frauen« und »die Schönheit«, am liebsten aber über sich selbst. Und über seine Gedichte. Gedichte? Wer den Mut hat nachzufragen, kommt normalerweise so schnell nicht wieder davon. Mit entschlossener Miene und beschwörender Stimme trägt der Dichter-Koch seine Lyrik vor, unter Umständen sogar mit Mikro. Nach meinem Gefühl ist die Curry-Sauce, die er zur Pasta serviert, raffinierter als seine Poesie, aber das behalte ich lieber für mich – wer weiß, ob er sonst noch für mich kochen würde.

Selbstironie ist Agostinos Stärke nicht. Er sei ein Typ wie ein Vulkan, voller Gefühle, die jederzeit ausbrechen könnten. »Ein Blatt fällt vom Baum. Für normale Menschen ist das nichts Besonderes. Für mich kann das ein dramatisches Ereignis sein!« Agostino nickt ernst. Er sei, sagt er, kein Freund der Massenkultur. Regelmäßig veranstaltet er in seinem Restaurant »serate liriche«, bei denen Dichter ihre Lyrik lesen und Agostino die kulinarische Rundumversorgung übernimmt. Natürlich darf das Menü nicht gewöhnlich, sondern muß literarisch angerichtet sein. Agostinos poetischer Reisbrei etwa heißt »Risotto Giulietta e Romeo«. Auch ein »Abendessen auf D'Annunzio-Art« würde er gern kreieren: ein großer Tisch, kultiviertes Publikum, Sängerinnen, Models, Filmdiven, die »nicht mehr ganz jung« zu sein brauchten. Und dann ein Gastmahl mit exquisiten Speisen. Daß D'Annunzio Faschist war, stört Agostino in diesem Zusammenhang wenig. Das Leben ist kurz, die Kunst ist lang, da liegt es doch nahe, dem Alltag soviel Schönheit wie möglich abzuringen.

Bei einem Lyrik-Wettbewerb in Brescia hat Agostino Giacomini 1998 einen Preis gewonnen – die Sieges-Schale, auf einem Sockel postiert, gehört jetzt zum Inventar des Restaurants. Nun träumt er von einem europäischen Lyrik-Festival in Gardone Riviera – »international wäre natürlich noch besser«. Das Ambiente sei ideal, ein Amalgam aus Kultur und Natur, aber wie soll man die örtlichen Behörden dafür begeistern? Solange das nicht gelingt, spielt er im eigenen Lokal den Festspielleiter. Sein Restaurant ist seine Bühne, und jede Geste des Zuspruchs, jede Anfeuerung inhaliert er begierig – tief auf Lunge, versteht sich.

Campo und der Kommunist

Mario Adorf steht am Tresen und gestikuliert. Mit seinen Bewegungen zerteilt er die Rauchschwaden, die seit dem späten Vormittag in der Luft hängen. Der Barmann hört dem Monolog seines Stammkunden zu, während er altes Kaffeepulver aus der Maschine klopft und in einer Schublade versenkt. Gegenüber vom Tresen spielen drei Männer Karten, die sie zwischen den Weingläsern auf den Tisch werfen. Die Kunden, die nicht zokken, sind versunken in eine Zeitung aus bonbonrosa Papier, in die kein Fisch dieser Welt eingewickelt werden möchte: *Gazzetta dello Sport*. Mario Adorf bzw. sein italienisches Double namens Loris ist Anfang Sechzig, hat graue Haare, dunkle Brauen, trägt eine dicke Goldkette um den Hals und einen ausgeblichenen Blaumann. Loris übt viele Berufe aus: Bootsbauer, Tischler, Dachdecker – ein ambulanter Handwerker, den jeder beschäftigen kann, wenn irgend etwas bei ihm zu Hause leckt oder aus den Fugen ist. Dazu muß er allerdings das Glück haben, den erklärten Nomaden und Einzelgänger, der mit seinem Auto verwachsen ist wie die Schnecke mit ihrem Haus, überhaupt zu erwischen. In dieser Bar in Castelletto di Brenzone, die nur ein paar Kilometer von seiner Wohnung entfernt ist, sind die Chancen gut. Loris lächelt mich an den Tresen heran, der Barmann knallt Untertassen und Löffel darauf. Zwei junge Mädchen – mit viel Wimperntusche und bauchnabelfreien T-Shirts offenbar die schönen Helenen von Castelletto – warten auf ihren Cappuccino. Ein Feuerzeug klickt. Ein alter Mann schmeißt eine Runde »Emme Esse«, MS, die italienische Standardzigarette. Zusammen mit dem Rauch werden die Neuigkeiten in den Raum ventiliert: die ungewöhnliche Trockenheit in diesem Frühjahr, die frühe Touristen-Invasion aus Bayern, die häßliche neue Appartment-Anlage um die Ecke. Kein Zweifel: Radio Castelletto hat seinen Sitz in dieser Bar an der Durchgangsstraße. Ob ich nicht wisse, daß Cagio – wie Loris im Dorf genannt wird – Kommunist sei, sagt der alte Mann zu mir und feixt. Gar nicht wahr, sagt Loris leicht gereizt, offenbar ist seine Gesinnung häufiger Thema bei Radio Castelletto. Er sei nur sehr viel liberaler als viele bornierte Konservative hier und dächte gar nicht daran, am Sonntag in Schlips und Anzug die Promenade auf und ab zu spazieren. Dafür kenne er die Umgebung wie kein zweiter und könne mir etwas Ungewöhnliches zeigen, das es am Gardasee nicht noch einmal gäbe: einen winzigen Ort zwischen Olivengärten, der nur auf Eselspfaden zu erreichen sei. Loris ist, wie viele Einheimische am See, Lokalpatriot. Dazu gehört auch – Tourismus hin, volle Parkplätze her –, die Schätze, die einem erfreulicherweise in den Schoß gefallen sind, nicht zu verstekken. »Siamo fortunati«, bekennen hier viele, und Glück wiederum verpflichtet.

Viele Fußwege führen nach Campo. Das Dorf liegt in 222 Meter Höhe, und wer nicht bis dorthin wandern will, braucht einen Jeep. Bereits in den dreißiger Jahren, mit dem Bau der Küstenstraße, verließen viele Einwohner den Ort am Abstellgleis der Zivilisation. Nach dem Zweiten Weltkrieg setzte eine weitere Welle von Landflucht ein, und 1961 wurden bei einer Volkszählung nur noch 33 Bewohner registriert. Heute sind hier nur noch zwei Familien zu Hause. Als Loris und ich zu Fuß am Ortseingang ankommen, werden wir von ein paar Ziegen begrüßt. Sie heben kurz den Kopf, fressen dann weiter Gestrüpp und Blätter vom Boden und trappeln schließlich anmutig hügelaufwärts. Als sie hinter Bäumen verschwunden sind, ist kein Geräusch zu hören. Woher auch? Die Grundmauern vieler Häuser stammen aus dem Mittelalter, die Eingänge wurden wegen Einsturzgefahr mit Brettern verrammelt. Einige Dächer sind so weit eingebrochen, daß selbst die Tauben sich hier nicht mehr niederlassen mögen. Campo bröckelt, geht in die Knie. Dabei trägt es seine langsame Auflösung mit einer gewissen Nonchalance, denn die schönen Torbögen, das alte Kopfsteinpflaster und die zugewucherte Burgruine strahlen ein – wenn auch sehr fragiles – Flair aus.

Vor einem Haus, von dem aus man einen schönen Blick über die Hügel hat, bleibt Loris stehen. Lange Zeit, erzählt er, wohnte hier ganz allein eine Frau, deren Verlobter im Zweiten Weltkrieg umgekommen war. 1991 ist »La Margherita« gestorben, und viele Anekdoten kursieren über sie, die auch die Alten in der Bar von Castelletto gern erzählen. Margherita war eine etwas schräge Dorfheilige, die auch »Bürgermeisterin von Campo« genannt wurde. Ihre große Liebe gehörte ihrer Katze, ihr größter Fetisch war die Pfeife. Von morgens bis abends saß sie vor ihrem Haus und rauchte billigen Tabak. Während des Faschismus soll sie mit den Partisanen sympathisiert haben, denen sie von ihrem Stuhl aus Zeichen gab. Trug sie einen roten Schal, bedeutete das: keine Gefahr. Ein weißer Schal signalisierte, daß Faschisten in der Nähe waren. Auch später ließ La Margherita keinen Zweifel an ihrer Autorität. Daß jemand einfach an ihrem Haus vorbeiging, ohne bei ihr haltzumachen, duldete sie nicht. Wie eine Fliegenfängerin stürzte sie sich auf Spaziergänger – deutsche Touristen eingeschlossen, von denen sie sich gute Trinkgelder für ihren »Gratis-Kaffee« geben ließ. Auch gegen Herrenbesuch habe sie, meint Loris, nichts einzuwenden gehabt, sein eigener Vater könne das bezeugen.

Im Zentrum von Campo zeigt er mir ein Haus, das mit einer dicken Eisenkette gesichert ist. Hier habe einmal seine Großmutter gewohnt, sagt er und öffnet das Schloß. Nach ihrem Tod Mitte der fünfziger Jahre erbte er gemeinsam mit seinen Geschwistern das Haus, aber keiner hatte jemals Zeit, sich um die aufwendige Renovierung zu kümmern. Loris winkt mich hinein, wir steigen die morsche Treppe hinauf in den ersten Stock, das Holzdach hat riesige Löcher. Im Wohnzimmer, zwischen Mörtelbrocken und herabgefallenen Ziegeln, finden sich noch Spuren bürgerlichen Lebens: eine Anrichte mit eingelassenem Spiegel oder ein Ständer mit Zeitschriften, auf denen Models in Schlaghose und Plateauabsätzen posieren – ferne Botschaften aus den siebziger Jahren. In einer Ecke thront, wie ein Zitat, ein riesiger, mit braunen Girlanden verzierter Lampenschirm. In diesen Räumen wohnte eine Zeitlang ein älteres Paar, sagt Loris. Jemand hatte den alten Leuten erzählt, daß das Haus von den Besitzern aufgegeben worden sei, und so hätten sie es eben in Besitz genommen. Loris mußte ihnen dann klarmachen, daß es sehr wohl Eigentümer gäbe, und setzte das Paar vor die Tür – was ihm schwergefallen sei, schließlich hätten alle Menschen das Recht auf eine angemessene Bleibe. Offensichtlich haben die Hausbesetzer ihre Unterkunft in großer Eile verlassen: An der Schlafzimmergarderobe hängen noch ein geblümter Morgenmantel und ein schwarzer Blazer. Starker Mottenpulvergeruch geht von den Kleidern aus, der nicht nur Insekten in die Flucht schlägt: Auch ich habe den Wunsch, bald wieder aufzubrechen. Über mir knarrt das Dach, und unter meinen Schritten ächzt der Boden. Das Haus ist ein ruhebedürftiger Greis, der Besucher nicht mehr erträgt.

Weiter oben, am Ende von Campo, wohnt Oscar. Er ist blond und schlaksig, besitzt einen Jeep und fünfzig Ziegen, von denen jede einen eigenen Namen hat. Oscar ist einer der verbliebenen neun Einwohner von Campo, Prophet und Poet des einfachen Lebens. Als wir bei ihm anklopfen, holt er gleich Ziegenkäse und Landwein nach draußen und stellt alles auf den Baumstumpf vor dem Stall. Die Ziegen sichern ihm und seiner Familie den Lebensunterhalt, gleichzeitig schreibt er, wie er erzählt, an einem Roman über Parsifal und das Landleben. Ob das Buch je veröffentlicht wird, stehe in den Sternen. Im Dorf werde er auch »il poeta« genannt – und ich frage mich, wer »das Dorf« wohl ist. Oscar ist froh, daß sich keiner um Campo kümmert. Eine gründliche Restaurierung würde den Ort in ein schmuckes Vorzeige-Dorf verwandeln, und diese Entwicklung fürchtet Oscar wie der Hoteldirektor den Dauerregen. Hin und wieder habe er allerdings Mühe, seinen Sohn von den Wonnen der Bescheidenheit zu überzeugen. Der Siebenjährige hat für sich selbst jedenfalls eine klare Zukunftsplanung: keine Ziegen! Vor kurzem spendierte Oscar ihm als Trost für die verschärfte Einsiedelei einen Fernseher. Aber was nützt so ein Gerät, wenn auf dem Dach keine Antenne ist?

Am höchsten Punkt von Campo liegt die *Ca' del Sol*, das Haus mit den meisten Sonnenstunden und den solidesten Grundmauern, ein gut restauriertes Rustico. Seit vielen Jahren wohnt Benvenuta Zanolli mit ihrem Mann, einem Olivenbauern, und der Familie hier. Die allmähliche Auflösung von Campo ist ihr ein Graus: Früher, ja früher wäre hier alles besser, nämlich bewohnter und heiler gewesen. Was nutzt ihr heute der Panorama-Blick von der *Ca' del Sol*, wenn sie auf Bruchbuden schauen muß? Anders als Oscar wünscht sich Benvenuta sehnlichst die Betonmischmaschinen herbei. Immerhin hat Campo aufgrund eines umständlich klingenden Regierungsprogramms »zur urbanistischen Sanierung und Entwicklung des Territoriums« jetzt eine Chance, daß sich auch in der Einöde der Geldhahn öffnet. Doch Benvenuta ist skeptisch. Zu lange, meint die alte Frau, habe sie schon vergeblich gehofft, Beratungen in der Gemeinde hätten stets das gleiche Ergebnis gehabt: daß erst mal alles beim alten bleibt. Wie lauten noch die beiden Lieblingsworte der Italiener? Domani ... forse ... Morgen – vielleicht.

Ostermontag. Die Eselspfade nach Campo sind verstopft. Schon am Morgen hat die Völkerwanderung hügelaufwärts begonnen. Trauben von Italienern und deutschen

Touristen sind auf dem Weg nach oben, als wäre dort ein Goldenes Kalb geboren worden. Sie schleppen Körbe mit Wurst, Wein und halben Käserädern, dazu bunte Pappschachteln, auf denen goldgelbe Tauben abgebildet sind – »La Colomba«, der klassische Oster-Panettone. Am Ortseingang warten die Menschen geduldig, bis sie durch das Nadelöhr stoßen können, drängen an den Abbruchhäusern vorbei, die unter dem ungewohnten Durchgangsverkehr stöhnen. Zweimal im Jahr wird hier die heilige Messe gefeiert, am Ostermontag und Mitte August für den heiligen Rocco, danach ist Campo wieder ein gottverlassener Ort.

Wie aus dem Nichts kommt ein Jeep den Pflasterweg hochgefahren. Vor der kleinen Kirche *San Pietro in Vincoli* bremst er. Staub wirbelt auf. Zwei junge Männer laden Lautsprecher und Verstärker aus, und binnen kürzester Zeit ist der Rasen vor der Kirche nicht nur mit Ziegenköteln, sondern auch mit Kabeln bedeckt. Wenn Campo schon keine Technik hat, dann kommt die Technik eben nach Campo. Die spätromanische Chiesa ist winzig, die vielen hundert Campo-Pilger kann sie an diesem Ostermontag niemals aufnehmen, also wird draußen gefeiert. Loris, der vor der Kirche steht und raucht, ist froh, daß sie abgeriegelt ist. Er sei so ungläubig, sagt er, daß eine Kirche, die er betritt, sowieso gleich zusammenstürzt. Vor dem Gotteshaus taucht jetzt ein Priester in weißem Ornat auf. Während der Open-air-Messe hört er gar nicht auf, von Campo, der schönen Umgebung und der Natur im allgemeinen zu schwärmen – ein idealer Ort, meint er, um gemeinsam den Frühling zu begrüßen. Und er hat recht. Schließlich erklingt das erlösende »Alleluia«. Die Weinkorken knallen, und viele süße Tauben werden geschlachtet. Auf dem Dorfplatz ist eine Küche wie aus dem Mittelalter aufgebaut: Zwei riesige Töpfe, an Eisengestellen befestigt, baumeln über einem Holzfeuer, und fünf freiwillige Helfer kochen Pasta für die Menge. Schnell bildet sich eine Schlange, die immer länger und länger wird. Jeder bekommt eine Portion Nudeln mit Sardinensauce, dazu ein Glas Wein, und die Töpfe werden erstaunlicherweise nicht leer. Das ist das Oster-Wunder von Campo. Die Speisung der Fünftausend an einem der einsamsten Orte am Gardasee.

Limones Kellner sind schweigsam

Limone hat vermutlich einen Herzschrittmacher. Anders könnte der kleine Ort im Nordwesten, der früher einmal von Oliven, Fischfang und Zitrusfrüchten lebte, die tägliche Heimsuchung nicht überstehen. Vielleicht ist er im Keller des Fremdenverkehrsvereins versteckt, vielleicht besteht er aus Gold und liegt in der Schatulle eines der vielen Schmuckgeschäfte von Limone; oder aber er ist in eine der Felsmauern eingelassen, die steil hinter dem Ort aufragen. Hauptsache, er funktioniert. Limone ist eine Stadt unter einer Käseglocke, die kaum noch Luft zum Atmen hat, die darauf angewiesen ist, möglichst viel Geld aus den Touristen herauszuwaschen, weil sie kaum andere Erwerbsmöglichkeiten hat. In der Hauptsaison, so lautet ein böses Wort, sieht man die Einheimischen nur noch mit gesenktem Kopf, weil sie ständig damit beschäftigt sind, Scheine zu zählen. Und was im Sommer nicht verdient wird, läßt sich im Winter nicht mehr aufholen.

Wer von der Hauptstraße nach Limone abbiegt und den steilen Berg herunterfährt, muß sich ganz schnell zwischen 26 Hinweisschildern orientieren: Parkplätze, Banken, Boutiquen, Hotels und Restaurants überziehen flächendeckend den Ort. Tausend Menschen leben hier und werden im Sommer täglich von mehreren tausend Touristen »besucht«. Das Schönste an Limone – die Lage vor einer schroffen Felskulisse – ist gleichzeitig das größte Handicap der Stadt: Sie hat kein Hinterland, nichts fließt ab, verteilt sich in der Umgebung. Eng nebeneinander stehen die Hotels, ein riesiger Busparkplatz in Panoramalage breitet sich direkt am Seeufer aus. Alles läuft an einem einzigen Ort zusammen wie in einer großen Badewanne. Und es gibt keine Seufzerbrücke, auf der die Einheimischen ihre Klagen loswerden könnten.

Limone ist die bekannteste deutsche Enklave am Gardasee. Ein Zwergstaat, in dem greller Budenzauber herrscht und gleichzeitig Inflation: Überall wird aufdringlich mit »Super- und Schockpreisen« geworben. Billiger Silberschmuck und Erdbeerbowle, ganze Zoos aus Murano-Glas, die jede Arche Noah in den Untergang treiben würden, ausreichend Lederjacken, um die Bevölkerung einer deutschen Mittelstadt einzukleiden. Die Limone ist zum Symbol der Stadt geworden, allerdings stammt der Name vom lateinischen Wort »limes«, Grenze, und hat mit den gelbgrünen Früchten nichts zu tun. An einigen Ecken werden Zweige mit riesigen Zitronen verkauft, doch die kommen aus Sizilien oder Spanien, und wenn man einen Verkäufer darauf anspricht, fragt er, warum man das denn überhaupt wissen wolle, und lächelt begütigend. So wird eine Illusion aufrechterhalten, die sowieso niemand mehr ernst nimmt.

Wo es an Produkten direkt vom Erzeuger fehlt, behilft man sich mit Porzellan. In allen Varianten wird Kunst am Obst geboten, jeder erdenkliche Haushaltsgegenstand ist limonisiert, über den zulässigen Kitsch-Quotienten denkt schon längst keiner mehr nach. Zitronen auf Seifenschalen, Haustürschildern, Aschenbechern oder in artigen Körbchen drapiert – Bella Italia in eine einzige sonnige Frucht gegossen. Schön wäre es, wenn man, wie Oskar Matzerath in der *Blechtrommel*, mit einem gezielten Schrei den ganzen gelackten Überfluß in einen Scherbenhaufen verwandeln könnte. Doch die Zitrone muß rollen, und was wäre der Limone-Trip ohne Trophäe? Eine Verkäuferin spuckt einen deutschen Brokken nach dem anderen aus, bis der Rentner aus Badgastein endlich seine Kachel mit der unvermeidlichen Frucht in der Hand hält – »auf Viddasähn«. So werden die Touristen servil umgarnt, der Gardasee ist ein sonniges Niemandsland und Italienisch die schönste Nebensache der Welt.

Restaurants und Cafés bieten deutsche Küche, von Zigeunerschnitzel über Tagesplatte bis zur Schwarzwälder Kirschtorte. Empfehlungen übrigens, die heute, im Burger-Zeitalter, den biederen Charme der siebziger Jahre verströmen, vieleicht ist die Uhr in Limone irgendwann einfach stehengeblieben. Auch manche Kellner wirken seltsam ältlich, als hätten sie zuletzt vor zwanzig Jahren einer Ragazza ein »Ciao, bella« hinterhergerufen. Mit einem Stofftuch tupfen sie sich die Schweißperlen von der Stirn, Tempotaschentücher kommen ihnen nicht ins Gesicht, damit dürfen sich die Kollegen in den Großstädten den Staub von der Haut wischen. Ihre Schuhe glänzen frisch poliert wie die Weingläser, die sie vom späten Vormittag an zu den Tischen balancieren. Erst gegen Abend, wenn der Termitenschwarm der Tagestouristen abgezogen ist, können sie aufatmen. Doch Limones Kellner sind schweigsam. Während ihre Kollegen in anderen Seeorten im Sommer über Schwüle und schlaflose Nächte, zuwenig oder zu viele Gäste stöhnen, bleiben die Camerieri von Limone eher stumm. Jeder Klagegesang erfordert Gefühlsaufwallungen, lamentieren kostet Zeit – und wer hat die schon? Statt dessen üben sie sich in Fatalismus und wedeln sich mit dem *Corriere della Sera* Luft und Mut zu. Limone ist eine Lebenslage, mit der man fertig werden muß und für die es eine klare Überlebensphilosophie gibt: »Acht Monate müssen wir durchhalten, dann fallen wir wie die Tiere in den Winterschlaf.« Wenn sie aufwachen, sind die ersten Touristen schon da.

Immerhin meint die Natur es gut mit dem Ort, in dem viele Einheimische über eine fast sprichwörtliche Gesundheit verfügen. Dank gnädiger Gene haben sie gute Chancen, steinalt zu werden. 1979 entdeckte ein Arzt zufällig im Blut eines Patienten ein bislang unbekanntes Protein, das den Namen Apo A-1 bekam. Es ist, wie sich herausstellte, eine biochemische Wunderwaffe, die die Arterienwände von unliebsamen Fetten reinigt – eine optimale Prophylaxe gegen Herzinfarkt und Verkalkung. Zahlreiche Einheimische haben Apo A-1 im Blut – und sie alle stammen mehr oder weniger direkt von einem Paar ab, das im 17. Jahrhundert hier gelebt hatte. Daß das Methusalem-Protein von Generation zu Generation weitergemendelt werden konnte, hängt mit der besonderen Lage von Limone zusammen: Lange Zeit war der Ort weitgehend isoliert, man blieb beim Heiraten unter sich – ein beschauliches Dorf, wo sich die Ziegen gute Nacht sagen.

Vor 1931 war in Limone überhaupt kein Tourismus möglich. Wer die Stadt besuchen wollte, mußte auf dem Seeweg anreisen. Erst mit dem Bau der *Gardesana Occidentale*, der Küstenstraße am Westufer, bekam Limone Anschluß an den Rest der Welt. Tunnel mußten in die

Berge gesprengt werden – am Ostufer wurde schon zwei Jahre früher, 1929, mit dem Bau der *Gardesana Orientale* begonnen. So waren die Voraussetzungen für den Tourismus geschaffen, der von den fünfziger Jahren an Limone völlig umkrempelte. 1999, ein Jahr vor der Jahrtausendwende, kam es zu einem Zwischenfall, zu einer unfreiwilligen Rückkehr in alte Zeiten: Durch Felsbrokken, die vom Berg auf die Straße stürzten, wurde die Gardesana nördlich von Limone erheblich beschädigt. Bis sie repariert und Schutzwälle an den Berghängen errichtet waren, vergingen Monate. Wer vom Norden aus in die Zitronenstadt wollte, mußte sich – wie einst – auf einer Fähre einschiffen.

Limone hat, um einen Begriff Walter Benjamins zu benutzen, seine Aura verloren. Könnte man mit einem Schlag alle Souvenirs im Gardasee versenken, würde jeder sofort sehen, wie schön viele der alten, blumengeschmückten Häuser sind. Die letzten Quadratzentimeter Flair, die nicht von Ledertaschen und Wandtellern zugehängt sind, wirken wie schmale Grasnarben auf einem Asphaltparkplatz. Und trotzdem gibt es ein Leben neben dem Tourismus. Wer nur ein wenig abweicht von den Trampelpfaden des Konsums, findet sich zum Beispiel weiter oben vor der winzigen Chiesa *San Rocco* wieder, deren Putz schon erheblich angefressen ist. Der Blick vom Kirchenvorplatz fällt auf Hunderte von Schindeldächern, wie aus dem Kaleidoskop geschüttelt, so viele Farbtöne zwischen Rot und Rost und Braun habe ich selten gesehen. Die Kirche ist geschlossen, der Spendentopf hingegen nicht: Man muß nur durch einen Fensterschlitz greifen, um seine Lire in eine Blechschatulle zu werfen, vielleicht fließt das Geld ja in die Restaurierung der Kirche. Die Treppe, die zur Chiesa führt, ist mit Geranientöpfen vollgestellt und von Wohnhäusern flankiert. An den geöffneten Fensterläden baumeln Jakken zum Auslüften, die Sonne zieht den letzten Muff aus den Winterkleidern. Aus einem Fenster ertönt eine durchdringende Stimme »si mangia« – Essen, und ein Kind schreit zurück, daß es keinen Hunger hat. Der Alltag riecht nach Pasta, Geranien und Mottenpulver.

Wer in Limone Zitronenbäume finden will, muß lange suchen. An einigen Orten außerhalb des Zentrums stehen sie noch, die hohen Pfeiler aus Stein, die an die Reste alter Tempel erinnern. Diese offenen Gewächshäuser, *limonaie* genannt, sehen trostlos aus, wie abgegessene Teller. Bevor die Billig-Importe aus dem Süden den Markt überschwemmten, war Limone tatsächlich das Land, wo die Zitronen blühten. Im Winter deckten die Bauern ihre Treibhäuser mit Holz- und Glasplatten ab. Eine kleine Schale mit Wasser diente als Gradmesser: Bildete sich Eis, war es Zeit für die Schutzplatten. Schon im 13. Jahrhundert war in Limone der Zitronenanbau bekannt. Goethe hat die strotzenden Hänge 1786 vom Schiff aus bewundert: »Wir fuhren bei Limone vorbei, dessen Berggärten, terrassenweise angelegt und mit Zitronenbäumen bepflanzt, ein reiches und reinliches Ansehn geben«, schreibt er. Doch bereits in der zweiten Hälfte des 19. Jahrhunderts ist Schluß mit dem Reichtum: Nach der Einigung Italiens wird Sizilien zunehmend zum ersten Zitronenlieferanten des Landes. Der englische Dichter D. H. Lawrence, der an Tuberkulose erkrankt war und den Winter 1912/13 in Gargnano verbringt, notiert in seinem Reisetagebuch *Italienische Dämmerung:* »Manche Plantagen sind schon zerfallen, und immer häufiger sieht man das Schild ›*Da vendere* – zu verkaufen‹.« Während einige Einheimische die Produktion schon abgeschrieben haben, halten andere noch mit einer Mischung aus Stolz, Verzweiflung und Lokalpatriotismus an »ihren« Zitronen fest. Lawrence gibt folgendes Gespräch wieder, das er mit einem Zitronenbauern und einer Lehrerin führte: »Der Signore schaut auf seine Zitronen und seufzt. Ich glaube, er haßt sie. Sie lassen ihn im Stich. Im Einzelhandel kosten sie das ganze Jahr über 5 Pfennig. ›Aber das ist teuer, beinahe teurer als in England‹, meine ich. ›Schon gut‹, weiß die Lehrerin, ›weil Sie sizilianische Exportfrüchte beziehen. *Però* – eine von unseren Zitronen ist soviel wert wie zwei von anderswo her.‹«

Heute sind die wenigen verbliebenen *limonaie* nur noch Liebhaberobjekte. Der Markt will sie nicht mehr, sie entstammen einer Welt von gestern. So ist eine üppige Agrar-Kultur innerhalb weniger Jahrzehnte untergegangen. Ausgerechnet an der lauten Hauptstraße stoße ich auf einen blühenden Zitronen-Garten, der zum *Hotel Europa* gehört. Wespen kriechen in den weißen Blüten herum, von denen ein unglaublicher Duft ausgeht, irgendwas zwischen Zitronendrops und Aphrodisiakum. Im dichten Laub leuchten die Limonen wie Laternen und sind so dick, daß sie eigentlich alle gleich herunterplumpsen müßten, doch nur wenige liegen faulig auf der Erde. Warum ich niemals eine vom Baum geklaut habe? Weil ich mir die Vorstellung bewahren möchte, daß sie wunderbar aromatisch schmecken.

In der Nacht habe ich einen sonderbaren Traum. Zwischen den Zitronenbäumen taucht plötzlich ein Mann auf, der mir irgendwie bekannt vorkommt. Er hat feine blonde Haare, eine straffe Haut, fehlt nur noch das Frischesiegel auf seinem muskulösem Oberarm. Sein einziger Makel ist der kleine Mund, der seinem Gesicht etwas Verkniffenes gibt. Er klagt mir sogleich sein Leid: Jahrhundertelang habe man ihn hier verehrt. Dann hätten die Leute von Limone ganz plötzlich nichts mehr von ihm wissen wollen und seine Bäume einfach verkommen lassen. Zur Strafe habe er die Seele des Ortes kassiert, und nur er wisse jetzt, wo sie zu finden sei. Wo? »Betriebsgeheimnis«, antwortet der Fremde und säuert ein Lächeln ab. Was danach aus der seelenlosen Stadt geworden sei, hätte ich ja selbst gesehen. Ob er die Seele denn irgendwann wieder freigäbe, will ich von ihm wissen. Der Mann kaut eine Zeitlang auf seiner schmalen Unterlippe, dann sagt er: »Wenn die Leute von Limone meinen Baum wieder verehren, vielleicht. Aber dafür müssen sie erst mal den Süden Italiens loswerden, wo die kleinen schmutzigen Billigfrüchte herkommen.«

Dieser Satz kam mir bekannt vor und hat mich beunruhigt. Noch im Halbschlaf habe ich lange gegrübelt, ob ich den Mann schon mal auf einem Wahlplakat der Lega Nord gesehen habe.

Paolos Welt auf fünfzig Quadratmetern

An Paolo Redolfi kommt keiner vorbei. Wer nach Salò fährt, wird ihn normalerweise irgendwann aufsuchen. Ein flacher, häßlicher Bau, mitten im Zentrum von Salò, der schmale Eingang liegt neben einem Barbierladen. Paolos Welt ist etwa fünfzig Quadratmeter groß und sehr sauber. Italiener und Ausländer gehen hier gleichermaßen ein und aus, meist bleiben sie nicht länger als ein paar Minuten. Paolo Redolfi, Anfang Fünfzig und in Salò geboren, hat grau durchsträhnte Haare, die wie bei einem Schuljungen in die Stirn gekämmt sind. Manchmal spricht er einen seiner Kunden beim Rausgehen an, dabei spielt er verlegen mit dem Knopf seiner Baseballkappe. Ist das Gespräch erst mal in Gang, läßt er seinen Fisch nicht so schnell von der Angel, ein ganzer Tag auf einem Holzstuhl ist lang, und außer den verblichenen Bildern im Flur – Sonnenblumen, ein Wasserfall und ein charismatischer Priester – gibt es nicht viel zu gucken. Mich versucht er, mit einem Witz festzuhalten. Die Geschichte vom Ehemann, der seine Frau dreimal hintereinander mit einem Liebhaber auf der Couch erwischt und daraufhin beschließt, das Möbel zu verkaufen, um dem Übel abzuhelfen, ist uralt und so abgewetzt wie der Kragen von Paolos Hemd. Doch der Italiener lacht schallend, während im Hintergrund eine Wasserspülung rauscht. Paolo wird diesen Witz schon tausendmal erzählt haben, aber vielleicht heute noch nicht und mit Sicherheit nicht mir. Jetzt steht er auf, verschwindet und kommt mit einer Flasche zurück, die bis zum Rand mit roter Flüssigkeit gefüllt ist: San Bitter. Er gießt zwei Wassergläser voll, stellt sie auf den Holztisch, und wir stoßen an. Um den bitterzuckrigen Geschmack schnell hinter mich zu bringen, trinke ich das Glas in einem Zug leer und habe für einige Zeit nicht den Geruch von Desinfektionsmittel in der Nase.

Zwei junge Italiener kommen herein und mustern uns. »Schöner Ort zum Bechern«, meint der eine, und der andere lacht. Paolo springt auf. »Männer immer geradeaus«, sagt er eifrig. Als sie zurückkommen, werfen sie ein paar Münzen in die Schatulle auf dem Tisch. Wieder klappert eine Tür, und eine junge Mutter mit Kind kommt heraus. Das kleine Mädchen heult, Paolo streicht ihm über den Kopf und begleitet die beiden wie ein Hausherr zur Tür. Dann setzt er sich wieder, lächelt, bis es anstrengend wird und er nicht mehr weiß, wie er seine Züge neu ordnen soll. Mit seinen beiden Händen, die leicht zittern, hält er sich an der Tischkante fest. Heute, sagt er, sei das Flattern schlimmer als sonst, wenn ich das nächste Mal käme, sei es bestimmt weniger, wenn nicht sogar ganz weg. Das Leben sei doch schön, alles in allem, reich und voller Wunder. Ob ich an Gott glaube und wie oft ich in die Kirche ginge, will er wissen, und es klingt fast inquisitorisch. Meine ausweichende Antwort gefällt ihm nicht. »Sie müssen richtig glauben, mit aller Kraft«, beharrt er.

Damals, als er noch »im besten Alter« war, sei er mit einer Holländerin verheiratet gewesen. Nach acht Jahren ging die Ehe in die Brüche und er habe sich mit einer Prostituierten eingelassen. Kurz darauf sei von höchster Stelle ein Zeichen gekommen: Schwefelgeruch in seinem Wohnzimmer! »Überall habe ich nach der Ursache des Höllengestanks gesucht, aber nichts gefunden. Wie soll man da noch an der Existenz Gottes zweifeln, wenn er so eindeutige Botschaften schickt?« Paolo schenkt sich noch ein Glas San Bitter ein, und ich überlege, ob man diesen Kinderglauben entwickelt, wenn man nur genug von dem roten Zeug trinkt. Seit der Erfahrung mit dem überirdischen Qualm habe er die Damen vom Gewerbe gemieden, aber – »chiaro« – einige Affären gehabt. Heute würde er sich leider kaum noch trauen, und die Gelegenheiten seien auch spärlicher geworden.

Noch vor ein paar Jahren hat Paolo als Anstreicher gearbeitet. Seit er die »Zitter-Krankheit« habe, sei es damit aus. An seinem jetzigen Arbeitsplatz, dem einzigen öffentlichen Klo von Salò, bringt er sieben Tage die Woche zu, eine Vormittags-, eine Nachmittagsschicht – lange genug, um fast alle Einheimischen von Salò zu kennen, zumindest aus dem Augenwinkel. Die Gemeinde zahlt dem Klomann ein schmales Salär, außerdem Mittagessen und Miete. Sein Bruder, der Barbier von nebenan, steckt ihm ebenfalls etwas zu. »Was brauche ich mehr?« sagt Paolo, zündet sich eine Zigarette an und öffnet die Spenden-Schatulle. Ein paar Scheine und viele Münzen liegen darin. »Das sind 18 Euro. Erst vor sechs Stunden habe ich sie zuletzt geleert. Gute Kundschaft«, meint er. »Schade nur, daß ich mir von dem Geld keine Gesundheit kaufen kann. Aber das Leben ist schön, alles in allem.« Paolo liegt das Klagen nicht. Das käme für ihn einer Beschwerde beim lieben Gott gleich, und das wiederum schickt sich nicht. Statt dessen zeigt er auf das Poster mit den ausgeblichenen Sonnenblumen an der Wand, die wir, wie er sagt, schließlich »Ihm« verdanken. Paolos Bescheidenheit rührt mich. Selig sind die Genügsamen.

Zum Abschied füllt er mein Glas noch einmal bis zum Rand, ich kann es nicht verhindern – »Salute!« Dann redet er eine Weile überhaupt nicht, was ungewöhnlich für ihn ist, und ich merke, er bastelt an einem Schlußsatz. Schließlich sagt er langsam, um nichts zu vergessen: »Ich hoffe doch, daß wir uns wiedersehen. Wenn schon nicht im Leben, dann bestimmt im Paradies. Man muß nur daran glauben, immer.« Paolo setzt seine Baseballkappe auf. Der Kopf fällt leicht nach vorn, die Augen sind unter dem Schirm verschwunden, und ich bin sicher, er ist jetzt sehr weit weg.

Lotte in Malcesine

Goethe ist abwesend? Goethe ist überall. Selbst wer ihn nicht sucht, wird in Malcesine ständig auf ihn stoßen. Seine Abwesenheit verschafft ihm Präsenz. An jeder Ecke – und besonders dort, wo keiner es erwartet –, setzt er Zeichen. Was haben ein Tragflügelboot und der berühmte Dichter gemeinsam? Gar nichts. Trotzdem heißt ein Aliscafo, das auch in Malcesine festmacht und dabei eine häßliche schwarze Dieselwolke ausstößt, »Goethe«. Eine Hommage der Neuzeit an den immer noch modernen Autor, auch wenn Heinrich Heine sich so hübsch mokierte, es gäbe »nichts Langweiligeres auf dieser Erde, als die Lektüre einer italienischen Reisebeschreibung«. Sogar im Turm der Skaligerburg stoße ich auf Goethes Spuren. Überall zwitschern die Liebesbotschaften von den Wänden – »I can't stop loving you. Alex«, »Nicole + Fritzi in Liebe 1991«, »Jerry, ti amo per sempre« –, und inmitten all der Graffiti, die in die alten Mauern gekratzt sind, finde ich auch eines von ihm: »J. W. G. aus W. war hier« steht dort gut lesbar, offenbar aus jüngerer Zeit.

»Gothy was here!« Der Amerikaner nickt zufrieden. »Gothy was here«, wiederholt seine Frau, und in der Reisegruppe macht der Satz wie im Kanon die Runde. Rund zwanzig Touristen stehen vor der markanten Dichter-Büste, die im Burghof auf einem Sockel ruht: Goethe mit breitkrempigem Hut, als vitaler Welteroberer, als sinnenfroher Intellektueller. Zweifellos eine gute Portion Schmeichelei von seiten der Italiener – aber ihn müßte es freuen. Auch Goethes Zeichnungen von der Skaligerburg sind im Museum gegenüber liebevoll ausgestellt – daß sie etwas blaß wirken, fällt nicht ins Gewicht, Hauptsache, jeder kann sie sehen. Die Führerin der Gruppe hält energisch ihren Schirm hoch, wodurch ein Schatten auf die Heldenbüste fällt, und spult ihren vorformulierten Vortrag ab, der sehr professionell ist, mit Pointen, Klimax, Finale und allem Drum und Dran. Sie erzählt von den Skaligern, jener mächtigen Familie, die im späten Mittelalter mehr als 100 Jahre über Verona und Umgebung herrschte und die aufsteigende Leiter in ihrem Wappen hat. Dann ist die »spy-story« dran, die die Führerin mit vielen farbigen Details unterfüttert, und es ist unmöglich, jetzt einfach weiterzugehen.

Goethe und Malcesine. Eine Episode voller Zufälle, die in ihrer Ballung der Geschichte etwas Romaneskes verleihen. Von Torbole aus war der Dichter im September 1786 nach Bardolino unterwegs, von dort wollte er weiter nach Verona. Doch sein Boot wurde vom Gegenwind zurückgetrieben, alle Ruderversuche halfen nichts, und so mußte er im Hafen von Malcesine festmachen. In heutiger Zeit, in der die Motorkraft stärker ist als ein lächerlicher Seewind, wäre er planmäßig in Bardolino gelandet. Nach seiner Ankunft in Malcesine passiert dem Dichter gleich ein Malheur: Um ein Haar wird er als österreichischer Spion verhaftet, weil er akribisch die alte Festung abzeichnet. Goethe muß all sein rhetorisches Talent aufbieten, um dem Bürgermeister zu erklären, warum eine Ruine fesselnd sein kann. Und daß er gar nicht daran dächte, in venezianischem Herrschaftsgebiet – Malcesine gehörte damals zur Serenissima – zu spionieren. Verbaler Schlagabtausch, einstweiliges Patt. Schließlich kommt Goethe, wiederum ein Zufall, ein Italiener zu Hilfe, der länger in Frankfurt gelebt hatte. Er ist es, der seine Landsleute von der Seriosität des Gastes überzeugen kann. So hat die Spionage-Affäre ein Happy-End, und weil ihr Protagonist Goethe heißt, hat sie Malcesine ein für allemal berühmt gemacht.

Später lese ich das Kapitel in der *Italienischen Reise* noch einmal nach. Höhere Gewalt hat Goethe nach Malcesine geweht, und er erzählt von diesem Überraschungsstop mit fast ermüdender Detailverliebtheit. Goethe gibt sich heiter und voller Tatendrang, das bestandene Abenteuer ist ihm als Mittel der Selbstdarstellung nur recht, und er läßt keine Replik aus, um sich im Glanz seiner eigenen Eloquenz zu sonnen. Der berühmte Italien-Reisende ist ein Narziß, der sich in der Welt spiegelt, ohne jedoch die Welt aus den Augen zu verlieren. Da Goethe nicht auf einen einzigen Punkt zusteuert, sondern der Weg das Ziel ist, reist er in einem Zustand permanenter Neugier. Nichts wird weggefiltert, jeder Eindruck zählt, jede Etappe muß neu erschlossen werden. Wie hätte er sich wohl heute fortbewegt, wo Entfernungen in Sekundenschnelle zusammenschnurren und sein »Arkadien« ein Katzensprung, eine Sache von höchstens zwei Flugstunden ist – also mit Anstrengung und Eroberung nichts mehr zu tun hat?

In den Cafés am Hafen essen die Touristen Sahnetorte, atmen die laue Luft, als wär's das erste Mal, und freuen sich, daß sie das Leben jenseits vom Brenner so milde umfängt. An einem rotverblaßten Hotel mit Seeblick hängen mehrere Tafeln: »Bier vom Faß«, »Erdbeeren mit Sahne«; eine Marmorplatte an der Seite trägt dagegen eine italienische Inschrift: »In questa casa abitava il poeta Goethe. 13-14 Settembre 1786«. In diesem Haus wohnte der Dichter Goethe ... Schon wieder der abwesende Herr von Goethe. Ich gehe hinein. »Ja, ja«, sagt der Kellner, »der war mal hier. Zimmer Nummer zwei.« Das klingt, als wäre sein Besuch noch nicht lange her. Und während ich draußen an einem Tisch mit Hafenblick sitze und – ich gestehe – Sahnetorte esse, male ich mir die Umstände aus. Goethe hat gerade seine dritte Italienreise angetreten – die Sehnsucht war einfach zu groß, die letzte Fahrt ist schließlich schon mehr als 200 Jahre her. Möglich, daß er diesmal mit Charlotte von Stein unterwegs ist, die bekanntlich Christiane Vulpius überlebt hat. Lotte und Goethe sehen müde aus, wie welke Usambaraveilchen, und der Dichter muß sich zunächst von einem Schock erholen: daß sich der Ort sehr viel radikaler verändert hat als er selbst und bis auf die Burg nicht viel wiederzuerkennen ist. Doch seine Italien-Begeisterung mobilisiert verborgene Energien und hilft ihm über die erste Enttäuschung hinweg. Eine Spur beleidigt dürfte Charlotte noch sein, weil der Dichter damals Knall auf Fall nach Italien aufgebrochen war und sich später mit Christiane liiert hatte – aber was soll's, tempi passati. Und schließlich, der Gedanke müßte Charlotte ausgesprochen gut gefallen, war Christiane niemals dort, wo sie jetzt ist. Sehr langsam steuern die beiden auf das Hotel am Hafen zu, zwei Methusalems in Malcesine. Beim Kellner bestellen sie eine Flasche Rotwein, er trinkt in großen, sie in kleinen Zügen, und gemeinsam stoßen sie darauf an, daß die lange platonische Durststrecke jetzt ein Ende hat. Auch ich hebe das Glas und beschließe, zu ihnen hinüberzugehen. Doch da stehen sie schon wieder auf und verschwinden Arm in Arm in der Nacht – in welchem Jahrhundert, das wissen nur sie. Und ich bleibe mit meinen Phantasien allein. Und mit einer italienischen Reisebeschreibung.

Cesare handelt mit Illusionen

Gardagel. Wer bei diesem Namen an Körpermilch, Sonnencreme oder Pomade denkt, liegt falsch und gibt zu erkennen, daß ihm eines der grellsten Paradiese am Gardasee bislang entgangen ist. *Gardagel* hat mit Gelato zu tun und ist zunächst eine schmucklose lange Halle, irgendwo zwischen der Landstraße nach Lazise und ausgedehnten Weinfeldern. Vor dem Eingang zwei Palmen, lieblos hingeworfener Kies, in der Nähe schreien Gänse. Sobald man die Tür geöffnet hat, ist alles anders: ein grenzenloses Land des Lächelns, in helles Licht getaucht, eine Illusionsfabrik, völlig clean und keimfrei, die mit Nippes Glücksgefühle erzeugen will. Auf Tischen und in Regalen sind Hunderte von Eis-Dekostickern liebevoll drapiert: Windmühlen, Pinguine, Karnevalsmasken, langnasige Pinocchios, geschwungene Rialto-Brücken, Theaterbühnen mit beweglichen Harlekinen, nuttig aussehende Wassernixen mit üppiger Blondmähne. Auch bunte Glasbecher oder »Liebesschalen« mit herzförmigen Vertiefungen strahlen mir entgegen. Und wozu der ganze Zierat? Um ein paar Kugeln Eis in ein Kunstwerk zu verwandeln, das sowieso gleich wieder wegschmilzt. So viel Chuzpe in der Maßlosigkeit, das muß man sich erst mal trauen – der Kapitalismus kitzelt seine Kinder.

Doch auch im Königreich des Kitsches gibt es ein System. Cesare Minet, der Produktmanager, ist ein Freund der »Linie«. Es gibt, sagt er, die Venedig-Linie, die blaue Linie, die Baby-Linie, die futuristische Linie. Besonders stolz ist er auf das Geheimnis der leuchtenden Eisbecher, die am Fuß mit einer Mini-Glühbirne versehen sind, so daß die ganze Herrlichkeit im Moment des Servierens von innen angestrahlt wird: Gelato aus schimmernden Grotten. Der Rest ist Schwärmen. Cesare Minet entzündet ein verbales Feuerwerk für seine »revolutionären« Kreationen, die *gardagel* bis nach Südamerika, Kanada, ja sogar auf die Seychellen exportiert. Nach seinem Vortrag habe ich das Gefühl, die Welt könne ohne die Beglückung durch *gardagel* überhaupt nicht existieren, eine Gelateria wäre ohne die Miniaturen vom Gardasee nur halb soviel wert. Cesare, so viel steht fest, glaubt an seine irdischen Paradiese. Die Welt der Sticker ist groß, bunt und fröhlich, ein ununterbrochener Appell zum positiven Denken. Der Mann im Jeanshemd mit den dunklen Locken ist der Zirkusdirektor all dieser Clowns und Nixen, Pinocchios und Pierrots, Elefanten und Pferde, und mit seinem Enthusiasmus läßt er die Puppen über den Eiskugeln tanzen. Bei ihm trifft der Kitsch direkt ins Herz, während bei anderen – ich eingeschlossen – erst das Gehirn entscheidet, ob er die Schranke passieren darf. Ein wenig beneide ich Cesare und fühle mich ihm gegenüber undankbar, weil ich für diese Wunderwelten so wenig empfänglich bin. Nach *gardagel* kommt mir der ketzerische Gedanke, den wahrscheinlich kein Eisstickerproduzent der Welt jemals nachvollziehen kann: Meine Augen wollen Ruhe. Ein Abschiedsblick auf zwei große Herz-Sticker, die mit Luft gefüllt sind. Auf einem der beiden steht: »tu sei speciale« – du bist etwas Besonderes. Ich nehme das als Absolution.

Auf dem Mönchsberg von San Giorgio

Kein Einsiedler käme auf die Idee, am Seeufer seine Zelte aufzuschlagen. Wer einen Ort sucht, wo die Welt sich allmählich verliert, muß hinauf in die Höhe. Das Kloster der Kamaldulenser, 1665 erbaut, ist nur ein paar Kilometer von Bardolino entfernt. Es liegt 300 Meter hoch auf dem Monte San Giorgio, über viele Serpentinen tastet man sich heran. Nach jeder Biegung glaube ich es zu sehen, und immer ist es noch ein Stückchen weiter weg. Mein Taxifahrer, der aus Peschiera stammt, macht die Kurvenfahrt ebenfalls zum ersten Mal. Ob ich länger im Kloster bleiben möchte und in einer Lebenskrise stecke, will er wissen und schaut besorgt in den Rückspiegel. Ich schüttele den Kopf, sage etwas von Streß und Ausruhen, aber sein »si« klingt nicht überzeugt. Auf einer Anhöhe, wo mehrere Zypressen dicht zusammenstehen, hält er vor einem großen Tor. Der Eingang zur Abgeschiedenheit. »Wenn Sie sich langweilen, rufen Sie mich an«, sagt der Taxifahrer, drückt mir seine Karte in die Hand und gibt Gas.

Das Kloster ist von alten Eichen, Olivenbäumen und Wein umgeben, hohe Mauern schirmen es nach außen ab, das Tor ist verschlossen. Gibt es einen besseren Ort, um dem Menschenstrom für einige Zeit zu entfliehen? Ich bin als Gast angemeldet und klingele. Als Antwort kommt aus einer Sprechanlage: »Prego?« Ich nenne meinen Namen, warte, es kratzt aus dem Kasten, dann wieder die Männerstimme: »Nehmen Sie Ihre Tasche und gehen Sie direkt in die Kirche, in ein paar Minuten ist

Abendgottesdienst.« Keine Chance, ihn vor der Messe leibhaftig kennenzulernen – ich muß mich beeilen.

Noch vor ein paar Jahren war das Kamaldulenser-Kloster – es handelte sich um einen Nebenzweig des Benediktinerordens – für Frauen nicht zugänglich. Mittlerweile haben die Mönche die Sitten gelockert: Auch Frauen dürfen nun in der Abgeschiedenheit über Gott, den Lauf der Welt und sich selbst nachdenken. Die Gedanken sind frei, aber an Raum und Zeit sind die Gäste gebunden. Sie sollen in der Nähe des Klosters bleiben, dürfen zwar durch den nahen Wald wandeln, aber die Weltlichkeit eines Cappuccino in einer Bar am Seeufer ist ihnen versagt. In der Hausordnung, die in meinem Zimmer liegt, ist der Tagesablauf genau festgehalten: 6 Uhr Frühmesse, 7 Uhr 30 Lobgesang, danach Frühstück, kurze Andacht vor dem Mittagessen um 13 Uhr, 18 Uhr 30 Gottesdienst, 19 Uhr 45 Essen, im Anschluß, jeder für sich, das Abendgebet.

Allein. Mein Zimmer geht zum Innenhof und wirkt so jungfräulich, als wäre ich die erste, die es bezieht. Einziger Schmuck ist ein Holzkruzifix an der Wand. Das Fenster ist klein und mit einem Fliegengitter abgedeckt. Außer mir ist nur noch die Stille im Raum, und ich habe Lust, laut zu pfeifen, wie das Kind, das sich im Wald verirrt hat. Der Philosoph Blaise Pascal, der mit Anfang dreißig zum Einsiedler wurde, schrieb: »Das ganze Unglück des Menschen rührt daher, daß er nicht ruhig in einem Zimmer bleiben kann.« Vielleicht. Doch an das Glück der Einsamkeit muß man sich erst gewöhnen. Unten im Innenhof begießt ein Mönch in Jeans und kariertem Hemd die Blumenkübel. Ich gehe hinunter, um mit ihm zu reden, aber seltsamerweise ist er verschwunden, als ich im Garten ankomme. Vielleicht ist er zu den flachen Steinhäusern gegangen, in denen die Mönche ihre Zimmer haben und die für Gäste tabu sind. Von den Palmenblättern gleiten die Wassertropfen herab wie von einer Rutsche, es riecht nach Jasmin und Jelängerjelieber, ein süßer Honigduft liegt über der Dunkelheit. Ich warte, aber keiner kommt, und der Abend gehört den Katzen. Eine gute Nacht muß ich mir dann selber wünschen und schlafe sofort ein. Als am nächsten Morgen um halb sechs der Wecker klingelt, zucke ich zusammen: In der absoluten Stille ist er doppelt so laut.

Beim Frühstück bin ich die einzige im Gäste-Speisesaal, die Mönche haben ihren eigenen Raum. Ein langer Tisch mit einem – meinem – Gedeck, ansonsten bin ich mit Jesus, der an einem großen Holzkreuz hängt, allein. Auf der Anrichte steht ein kleiner Holzkasten, in den die Gäste ihren Obulus für Kost und Logis entrichten. Feste Preise gibt es nicht: Wer als Gast herkommt, entscheidet selbst, wieviel ihm die Ruhe wert ist. Nach einer Weile erscheint Giulio, ein junger Novize. Er hat ein kindliches Gesicht und guckt immer so, als wäre in sein Essen ein bißchen Glücksstaub hineingemischt. In einem Jahr sei seine Ausbildung zu Ende, erzählt er, dann würde er als Mönch in das Kamaldulenser-Kloster eintreten. Früher habe er mal Jura studiert, aber sehr schnell gewußt, daß das für ihn nicht der richtige Weg sei. »Ist bei Ihnen alles in Ordnung«, fragt er und strahlt dabei. Ich nicke, und schon fällt die Tür ins Schloß. Ich sehe draußen nach, aber von Giulio keine Spur. Später höre ich in der Küche scheppernde Geräusche, die Köchin bereitet das Mittagessen vor. Wenn sie fertig ist, möchte ich ein paar Worte mit ihr wechseln. Ich setze mich draußen auf die Bank, die neben einem der beiden Ausgänge steht, und warte. Mit einmal höre ich eine Autotür zuklappen. Ich stehe auf, die Köchin winkt mir aus ihrem Fiat zu und fährt davon. Vielleicht muß ich morgen vor dem anderen Ausgang warten. Die Kunst des eleganten Verschwindens: Ob man sie lernt, wenn man länger im Kloster lebt?

Um die Mönche nicht zu stören, müssen die Gäste auf einem Seitenweg zu der kleinen Kirche laufen. Von weitem sehe ich sie, wie sie in ihrem eierschalenfarbenen Ornat langsam durch den Innenhof gehen. Beim Mittagsgebet stehen sie in zwei Reihen nebeneinander, und ich lausche den acht Stimmen. Ihr Gesang ist wunderschön, melodisch und ein bißchen einschläfernd. Ein starker Weihrauchgeruch liegt in der kühlen Luft. Nach der Messe bleibe ich einen Moment im Seitengang stehen, der aus dem Kirchenschiff nach draußen führt. An der Wand ist eine Sanduhr angebracht, mit der die Länge des Glockenläutens gemessen werden kann. Eine Drehung – und sachte verrinnt die Zeit, eine gleichmäßige Choreographie der Langsamkeit. Der Augenblick scheint hier oben länger zu dauern als unten am See, wo vermutlich keiner auf die Idee käme, Zeit mit Sand zu messen. Nach ein paar Minuten – waren es drei oder vier oder fünf? – sind alle Körner im unteren Zylinder angekommen. Eine neue Drehung. Wieder entsteht im Glaskörper Bewegung, ohne daß ein einziger Ton zu hören ist, eine völlig lautlose Energie. Auch die Mönche bewegen sich fast geräuschlos, keiner stört die Kreise des anderen. Im Kloster sind sie weitab vom Lärm und dem Himmel ein wenig näher. Wer als Gast herkommt, muß die Stille erst lernen. An Anfang erscheint sie mir wie ein Logiergast, der ununterbrochen redet, nie hätte ich gedacht, daß Stille laut sein kann.

Die Sonne steht hoch über dem Monte San Giorgio, kein Schatten fällt auf die Holzbank hinter dem Klostergarten. Mein Blick geht über die Hügel und die geschwungene Bucht von Garda, ein sanftes Landschaftsgemälde, das von keiner Diagonalen zerschnitten wird. Auf dem Wasser kreuzen die Segelschiffe, und mit den Augen fahre ich ihnen hinterher. Wäre dieser Aussichtspunkt nicht durch Klostermauern geschützt, gäbe es mindestens zwei Bars, einen Souvenirstand und einen asphaltierten Parkplatz. Aber nichts von alldem. Wie selten ist es, einen der schönsten Plätze am Gardasee ganz für sich zu haben, nicht minuten-, sondern stundenlang. An anderen Orten fühle ich mich verpflichtet, die Ruhe bewußt jede Sekunde auszukosten, weil ich weiß, daß sie nicht lange hält. Hier dagegen ist eine solche Anstrengung überflüssig: Die Idylle nimmt kein Ende, ich werde dösig im Kopf und schlafe ein. Als ich aufwache, steht die Sonne etwas tiefer, ansonsten ist das Bild dasselbe. Der Tag versickert im Zeitlupentempo. Erst allmählich begreife ich, daß alles auf die Gegenwart, die Rituale und die langen Pausen dazwischen konzentriert ist. Das, was Zivilisationsgeplagte wie ein Mantra beschwören, bis es endgültig zum Klischee geronnen ist – die Erfahrung der Langsamkeit –, muß hier gar nicht extra verordnet werden, sie ist unausweichlich.

»Es gibt Gäste, die halten es nicht zwei Stunden aus

und fahren gleich wieder weg, obwohl sie mehrere Tage bleiben wollten«, sagt der Mönch Lorenzo zu mir. Ich möchte von ihm mehr über das Klosterleben erfahren, und er hat mich abends um neun in die Bibliothek bestellt. Lorenzo lebt seit fünf Jahren hier, mehrmals in der Woche verläßt er den Klosterberg, um in der Schule Religionsunterricht zu geben. »Wir erwarten von den Gästen absolute Diskretion gegenüber den Mönchen, und genauso verhalten wir uns ihnen gegenüber.« Ich würde ihm gern sagen, daß man mich ruhig ansprechen darf, daß die Diskretion zwar sehr rücksichtsvoll, aber nicht unbedingt mein Wunsch sei. Doch ich sage nichts. Lorenzo lächelt, und ich fühle mich durchschaut. »Die Stille ist fast mythisch, der ideale Ort, um Einkehr zu halten«, sagt er. »Wir haben nicht mal einen Fernseher. Aber ich will das Klosterleben nicht idealisieren, es ist nicht besser und nicht schlechter als das Leben anderer Christen.« Gebet, Gärtnern, Bibelstudium: Gleichförmig fließen die Tage dahin. Die Mönche – zwei von ihnen sind Priester – leben in äußerer Armut, ihre Zellen sind »nüchtern, wie es sich auch gehört: ein kurzer Mittelgang, der als Schlafraum dient, die Kapelle, ein Arbeits- und Abstellraum und die Naßzelle« – so heißt es, ebenfalls ausgesprochen nüchtern, in einem Faltblatt. Dafür genießen die Einsiedler vom Monte San Giorgio den Luxus, Zeit und Ruhe zu haben. Fällt es manchmal schwer, die Gelübde einzuhalten? Lorenzo macht eine wegwerfende Handbewegung. Wer ein neues Hemd oder Schuhe braucht, geht zum Kassenwart und läßt sich bei ihm das Geld dafür geben. Über das Keuschheitsgelübde sagt er nichts.

Am nächsten Morgen sind Stimmen im Gästehaus, Besucher, die das Wochenende über bleiben wollen: mehrere Sozialhelfer vom Iseo-See, eine Mutter mit ihrer epileptischen Tochter, ein Bankangestellter mit viel Pomade im Haar, der die Nase voll hat vom Geldzählen. Auch ein Mann mit halblangen Haaren ist aus Reggio Emilia gekommen, um sich bei Don Franco, dem hochgewachsenen Priester mit dem prüfenden Gottvater-Blick, Lebenshilfe zu holen. Cesare arbeitet in einer Firma, die Objekte aus Terracotta herstellt, außerdem ist er Künstler, malt Bilder mit geometrischen Formen, am liebsten Dreiecke. Allerdings sei er auch Meister in der Kunst des Unglücklichseins, erzählt er. Vor einiger Zeit habe er zusätzlich zu Kunst und Terracotta einen weiteren Job gehabt, sei aber bei dieser Dreiteilung fast durchgedreht, weil er von den hundert Aufgaben, die er sich als Tagespensum vornahm, gerade mal zehn geschafft habe. Don Franco riet ihm dann, sich über die zehn erledigten Dinge zu freuen, anstatt sie durch den Gedanken zu entwerten, daß neunzig Ziele nicht erreicht seien. Also hat Cesare einen seiner Jobs geschmissen – Don Franco sei Dank. So bekommt der Gläubige im Kloster manchmal Starthilfe fürs Leben, und der Priester bewahrt sich als Therapeut ein Fenster zur Welt.

Am nächsten Tag kehre ich vom Mönchsberg in die Ebene zurück. Nichts fühlt sich echt an, alles wirkt gestellt, und das Kloster verschwindet irgendwo im Himmel. Ich sitze in einer Eisdiele am Hafen von Peschiera, alle um mich herum spielen Eisdiele und haben ihre festen Rollen, Tourist, Kellner, Tresenmann, Lieferant, Putzfrau,

Padrone, nur ich selbst habe keine. Eine bunte Karte liegt vor mir auf dem Tisch, und die Biene Maja sieht mich aus weit aufgerissenen Augen an. Ich starre zurück. Zwanzig verschiedene Geschmacksrichtungen gibt es allein beim Gelato misto, darunter Exotisches wie After Eight, Minze mit Schokoladenstückchen. Ich fühle mich überfordert. Als der Kellner zu mir kommt, bestelle ich drei Kugeln Vanilleeis mit Sahne. Neunzehn Sorten, überlege ich, werde ich also nicht probieren, Neunzehn verpaßte Chancen. Dann muß ich an Don Franco denken. Vielleicht sollte ich einfach versuchen, mich auf die Vanille zu konzentrieren, all ihre Feinheiten herauszuschmecken und an nichts weiter zu denken. Als der Cameriere den Becher vor mich hinstellt, fällt mein Blick auf den einzigen Farbfleck: ein Pinocchio-Sticker aus Pappe. Ist es Zufall, daß seine lange Nase ausgerechnet in meine Richtung zeigt?

Der Laufsteg von San Vigilio

Die Zeiten, in denen der Lago di Garda mondän war, sind längst vorbei. Wer hierher kommt, sucht nicht die Begegnung mit der eleganten Welt oder was er dafür hält. Und doch gibt es eine kleine Landzunge, auf der im Sommer jeden Tag mondänes Theater gespielt wird. Der Zuschauerraum ist auf wenige Plätze begrenzt, so daß der Besucher häufig warten muß. Hat er endlich einen Stuhl ergattert, kann er hier den ganzen Nachmittag sitzen bleiben und einfach in eine Richtung starren. Was nicht im mindesten unangenehm auffällt, sondern sogar erwünscht ist.

Der Ort, an dem die Aufführungen stattfinden, heißt Punta San Vigilio. Die Halbinsel »gehört zum Allerschönsten am Gardasee, also zum Schönsten überhaupt«, schrieb Sigmund Freud 1908. Das ist auch heute, hundert Jahre später, nicht anders. Die Landzunge liegt genau an der Schnittstelle zwischen dem fjordartigen Norden und dem Bassin im Süden. Zwar ist sie im Privatbesitz einer Adelsfamilie, aber einige Ecken sind auch für all jene zugänglich, die nicht das Glück haben, mit den Guarientis verwandt zu sein. San Vigilio ist die Halbinsel der Kontraste: Sie ist so schön, daß man sich immer etwas entrückt vorkommt, und gleichzeitig ist sie ausgesprochen diesseitig. Licht und Schatten, Einfachheit und Effekt, Besinnung und Angeberei: All das macht San Vigilio aus. Ein Gesamtkunstwerk abseits der Gardesana, bei dem Landschaft und Architektur fein aufeinander abgestimmt sind, nicht in starrer Geometrie à la Versailles, sondern lässig und fließend. Auch Einheimische, die am Ostufer zu Hause sind, und nie einen Fuß außerhalb Venetiens gesetzt haben, halten San Vigilio für den schönsten Ort der Welt – aber vielleicht ist für sie Venetien eben die Welt.

In San Vigilio ist nichts alltäglich. Bevor man zum Hafen kommt, folgt man einer Zypressenallee, auf der keine Autos fahren dürfen. Am Wegrand liegt eine vom Sturm entwurzelte Zypresse, aufgebahrt wie eine Tote. Auf der Inschrift, die wie ein Grabstein wirkt, lesen wir: Am 6. August 1995 ist der Baum eingestürzt, sein Alter wird auf 300 Jahre geschätzt. Soviel Respekt gegenüber einem Baum, der rund vier Menschenleben überdauerte, hat etwas Anrührendes, und einen Moment lang überkommt mich auf dieser schattigen Allee das Gefühl, der Eingang zum Hades müsse ganz nahe sein – doch er bleibt versteckt. Die berühmte Villa, in einem großen Park gelegen, verschließt sich wie eine Auster dem Publikum – viele Reize San Vigilios sind zum Greifen nahe und doch nicht zu haben. Der Humanist Agostino Brenzoni ließ sie Mitte des 16. Jahrhunderts bauen, und sie ist ein schönes Beispiel dafür, daß Pracht nicht Protz bedeuten muß. Im Park wachsen Palmen, Zitronen- und Orangenbäume, die Statuen tragen Inschriften, die Brenzoni selbst verfaßt hat – Verse, in denen er das Leben in Einsamkeit preist. Auch heute, wo die Touristen einen Bogen um die Villa machen müssen, hat sie ihre Ruhe, und Brenzoni könnte zufrieden sein. Geht man über Kopfsteinpflaster zwischen hohen Mauern weiter, gelangt man zum See. Und steht ganz plötzlich im Licht. Das ist der Höhepunkt der suggestiven Landschaftsarchitektur von San Vigilio. Die Sonne bricht sich tausendfach in den Wellen, und der Blick geht wieder in die Weite: gleich um die Ecke die Bucht von Garda, im Dunst der Golf von Salò und gegenüber, schemenhaft, das *Grand Hotel* von Gardone.

Der Hafen ist der Ort, wo im Sommer große Welt gespielt wird. Jede der hier ankernden Motorjachten sieht so aus, als müsse ein Normalverdiener dafür ein paar Jahresgehälter drangeben. Im Zuschauerraum – dem Café auf der schmalen Mole – sind noch zwei Plätze frei, und ich setze mich schnell hin. Am Nachbartisch debattieren Deutsche bei einer Flasche Veuve Clicquot über Aktienkurse und Auspuffrohre, ein französisches Paar verdreht im Dauer-Flirt die Augen. Bis plötzlich eine italienische Motorjacht, ganz aus Holz, in den Hafen gleitet und alle Aufmerksamkeit auf sich zieht. Am Bug posiert eine Bikini-Schöne, unbeweglich wie eine Galionsfigur, und in ihrem Haar sind alle Blond-Nuancen dieser Welt festgehalten – jemand hat das mal »Mailänder Mix« genannt. Als das Boot anlegt, schlingt sie ein großes Tuch um die Hüften, geht von Bord und wartet, bis der Mann mit der verspiegelten Sonnenbrille ihr das Hündchen zureicht, das auf der Liegefläche steht und hektisch mit dem Schwanz wedelt. Dann legt er seinen Arm um ihre Hüften, und gemeinsam nehmen sie an einem Tisch unter den Platanen Platz. Prüfende Blicke ins Publikum, ob man sie genug gewürdigt hat. Man hat. Sie lächelt, er winkt dem Kellner. Campari, wie üblich? Sie nickt. Und bitte Wasser für Zucchero. Nach einer halben Stunde schlendert das Paar zum Boot zurück, Choreographie wie gehabt, nur in umgekehrter

Reihenfolge. Immer wieder fasziniert mich, wie ungeniert im Hafen von San Vigilio Klischees inszeniert werden, wie konfektioniert jeder Schritt, jede Requisite ist. Die wahren Seifenopern spielen vielleicht doch im Leben und nicht im Fernsehen. Und wann hat man schon mal Gelegenheit, sie ganz aus der Nähe zu sehen?

Der Graf von San Vigilio ist kein Phantom. Es ist jedoch nicht leicht, sich von seiner Existenz zu überzeugen. Wer ihn treffen will, steht auf einer Warteliste und hofft auf einen Termin, irgendwann. Zwar wohnt Agostino Guarienti mit seiner Familie auf der Halbinsel, sei aber, wie es in seinem Büro heißt, immer sehr beschäftigt. Der Graf ist Chef von rund vierzig Angestellten, die sich um Villa, Park, ein kleines Nobelhotel und die »Baia delle Sirene« kümmern – einen idyllischen Strand, der an einem Olivenhain liegt und für deren Besuch die Sirenen ein sattes Eintrittsgeld verlangen. San Vigilio ist eine kleine Firma, deren Exklusivität ständig am Laufen gehalten werden muß. Der Mann, der mir in seinem dunklen Arbeitszimmer gegenübersitzt, lächelt gewinnend, ein salopp auftretender Unternehmer. »Agostino Guarienti«, sagt er, während ich aufpassen muß, nicht zu lange auf seinen ausladenden Schnurrbart zu starren. Die grauen Haare sind nach hinten gekämmt, er trägt Jeans und am Unterarm ein Tattoo. Ich entziffere die Initialen AG und wundere mich, daß Guarienti sie sich in die gräfliche Haut hat ritzen lassen. Seine Botschaft für San Vigilio ist eindeutig: keine Veränderung. Eine »Sirmionisierung« – Lärm, Touristen, Andenkenläden – würde er nie zulassen. Hin und wieder, gibt er zu, ist ihm der Motorjacht-Auftrieb im Sommer zuviel, und er weiß, warum er sich auf den Winter freut. Das ganze Jahr hindurch muß der Graf Anfragen von schwerreichen Italienern und Ausländern abwimmeln, die sich die ganze Herrlichkeit der Halbinsel unter den Nagel reißen möchten, aber Guarienti wehrt konsequent ab: San Vigilio ist einzigartig und deshalb nicht käuflich. Dafür bürgt auch die Marmorstatue, die in der kleinen Kirche von San Vigilio steht. Die Chiesetta kann nicht besichtigt werden, aber wer über ausreichend Geld und Snobismus verfügt, kann hier seine Hochzeit feiern (das kommt allerdings nur ein paarmal im Jahr vor und wäre sonst ja auch fast gewöhnlich). Die Statue trägt die Inschrift »En somnii explanatio« – hier ist die Erklärung des Traumes. Welches Traumes? Alles zusammen: die Zypressenallee, die Ruhe, der Blick auf den See und die Berge – das gibt es nirgendwo sonst, sagt der Graf, und er hat recht. Die Idee, die Inschrift zum Motto von San Vigilio zu machen, verdanken die Guarientis übrigens Gabriele D'Annunzio. Durch seine Anregung, San Vigilio symbolisch aufzuladen, wurde die Halbinsel endgültig zu einem magischen Ort. Heute findet man »En somnii explanatio« wie ein Wappen auf Broschüren und kleinen Fähnchen, und Sinnsucher aus aller Welt können hier ihren ganz persönlichen Traumdeutungen nachhängen. Wie einst Sigmund Freud.

Um San Vigilio kursieren jede Menge Sagen. Die schönste hat mit unglücklicher Liebe zu tun und erzählt außerdem, warum die Natur am Gardasee so strotzend ist. Der römische Fruchtbarkeitsgott Faun kam eines Tages aus Sizilien an den Gardasee und ließ sich mit seinem Clan an den Ufern nieder. Fauns Verwandte rümpften die Nase über die karge Vegetation und ließen schnell all das wachsen, was sie in Sizilien so liebten: Oliven, Lorbeer, Wein, Zedern, Orangen- und Zitronenbäume. Dazwischen errichteten sie ihre Tempel. Einer aus der Faun-Familie, Vigilius, hatte sich eine schöne Bucht am Ostufer gesichert. Eines Tages begegnete er dort der Nymphe Stella, verliebte sich und flötete sie mit seiner Leidenschaft voll. Aber Stella wollte nicht und blieb stur. Darauf schleuderte Vigilius, liebeskrank und gekränkt zugleich, ihr die Worte ins Gesicht: »Wenn du nicht meine Frau werden willst, sollst du auch keinem anderen gehören.« Dann verwandelte er die Nymphe in einen Felsen, der von nun an »Scoglio della Stella«, Stellas Felsen, hieß. Der Sage nach liegt er ganz in der Nähe der Punta San Vigilio.

Solche Legenden sind nicht nur wegen ihrer poetischen Pointen reizvoll, sondern auch, weil die Helden omnipotent sind, Menschen und Materie nach Belieben verschieben können. Unter Umständen wecken diese Sagen auch Begehrlichkeiten. Wer weiß, wie viele Beaus und Beauties, die heute mit ihren Booten in San Vigilio aufkreuzen und den eleganten Paarlauf vorführen, insgeheim wünschen, den Liebsten oder die Liebste auf ähnlich schnöde Weise loszuwerden wie Vigilius einst Stella.

Gargnano oder das Bett von Mussolini

Gargnano wirkt immer etwas melancholisch. Der kleine Hafenort, einer der schönsten am Westufer, hat seine Idylle konserviert und auch gar kein Interesse daran, sich an die Touristen heranzuschmeißen. Schlafende soll man nicht stören. An diesen Satz halten sich auch die Besucher, die meist nur für kurze Zeit am Hafen entlangflanieren und vielleicht eine Orange von den ordentlich gepflanzten Bäumen als Souvenir mitgehen lassen. Eines der Häuser an der Promenade steht schon jahrelang zum Verkauf, sein Putz bröckelt vornehm vor sich hin, und das Schild »Da vendere« gehört mittlerweile ebenso zum Stadtbild wie der Bootsanleger, wo nur ein paar Male am Tag das Schiff anlegt und ein unvermeidliches Minimum an Bewegung verursacht. Leicht vergißt man an diesem Ort, der seine Schönheit mit eleganter Beiläufigkeit vorführt, daß in Gargnano Geschichte geschrieben wurde – nicht nur während der italienischen Einigung, als österreichische Schiffe Gargnano bombardierten. Die Kanonenkugeln, die in die Häuser am Hafen eingeschlagen sind, ragen so deutlich aus den Fassaden hervor, als wären sie Teil einer Kulisse. Aber sie sind echt.

Gargnano war im Zweiten Weltkrieg eine – wenn auch wenig einflußreiche – Hochburg des Faschismus. Zwischen 1943 und 1945 residierte Benito Mussolini in der berühmten Villa Feltrinelli, die etwas außerhalb des Ortes liegt. Die Architektur ist überaus phantasievoll: mehrere Flügel unterschiedlicher Höhe, zur Seeseite hin ein großer Turm, auf den Dächern lange Zinnenreihen, darunter Bogenfenster und, besonders apart, gezackte Fenster, die aussehen wie kleine Sterne. Der neogotische Bau ist Ende des neunzehnten Jahrhunderts von der Familie Feltrinelli errichtet worden – den großen Wohltätern Gargnanos, die hier zahlreiche öffentliche Gebäude bauen ließen. Im Krieg wurde die Villa von den deutschen Militärs beschlagnahmt, und aus Gründen der militärischen Sicherheit ließen sie die Spitze des Turms kappen. Mussolini, der neue Hausbewohner, war zwar Chef der sogenannten »Republik von Salò«, faktisch aber eine Marionette der Deutschen, nachdem der faschistische Staat 1943 zusammengebrochen war und die Nazis in Italien das Sagen hatten. Als Führer ohne Verantwortung politisch lahmgelegt, sorgte Mussolini in seinem privaten Umfeld immer wieder für Dramen: Regelmäßig besuchte er seine Geliebte Claretta Petacci in Gardone, und seine Frau Rachele – ein Name, der leider nur im Deutschen so schön nach Rache klingt – durfte in der Zwischenzeit in der Villa Feltrinelli vor sich hin schäumen. Die Landschaft ließ ihn offenbar völlig kalt: »Ich hasse diese Seen. Sie sind immer ein Kompromiß zwischen Fluß und Meer«, soll Mussolini gesagt haben. Später, im April 1945, nach einem entscheidenden Vorstoß der Alliierten, ist Mussolini aus Gargnano geflüchtet und bei Como erschossen worden. Doch das Leben des Duce hat noch einen Epilog, der aus einem Bühnendrama stammen könnte und die Italiener bis heute beschäftigt. Mussolini soll vor seiner Flucht vier wasserdichte Kästen mit Dokumenten, unter denen sich angeblich sogar Briefe Sir Winston Churchills an ihn befanden, irgendwo am Gardasee versteckt oder im Wasser versenkt haben. 1993 schien es, als sei der Schatz gefunden: Taucher entdeckten in der Nähe von Gargnano vier Metallkästen in fünfzig Meter Tiefe. Zahlreiche Fernsehteams reisten an, um bei der Öffnung des faschistischen Grals dabeizusein. Auch die Mussolini-Enkelin Alessandra fand sich ein und soll treuherzig versichert haben: »Großmutter Rachele hat mir immer von bedeutsamen Briefen erzählt, die der Großvater ganz zum Schluß den Nonnen von Gargnano übergeben hätte. Doch dann hat sie nichts mehr von ihnen gehört.« Experten brachen die Kästen vor laufenden Kameras auf, und die Enttäuschung war groß: Lediglich Sprengstoff der deutschen Wehrmacht lag darin. Finita la commedia! Und die Suche geht weiter.

Nach dem Krieg wurde die prächtige Villa Feltrinelli mit ihrem riesigen, verwunschenen Park und den 200 Jahre alten Magnolien wieder das, was sie einmal war: ein magischer Ort. Das haben wohl auch viele Schriftsteller so empfunden, die bei der berühmten Verleger-Familie zu Gast waren. Denn das Haus diente auch als Dependance des Verlags, als kultureller Landsitz, wo spektakuläre Feste ausgerichtet wurden: 1965, zum 10jährigen Jubiläum, und 1980 – zum 25jährigen. An der Spitze des Verlags steht eine Deutsche, Inge Feltrinelli, die gemeinsam mit ihrem Sohn Carlo die Buch-Geschäfte führt. Ihr Mann, der linke Verleger Giangiacomo Feltrinelli, ist 1972 unter mysteriösen Umständen zu Tode gekommen.

Inge Feltrinelli, die seit 1960 in Italien lebt, war eine trickreiche Gastgeberin, die ihrer Rolle auch komödiantische Züge abgewinnen konnte. Die Gäste, die sie nicht mochte, hat sie im ehemaligen Bett von Mussolini schlafen lassen. Natürlich wußte keiner, der hier seligen Träumen nachhing, von den Manövern der Signora. Vielleicht war diese geheime Gemeinheit auch ein Stück Kompensation für die unrühmliche Geschichte, die dem Haus aufgezwungen worden war. Denn natürlich war es für die progressive Verlegerfamilie problematisch, im ehemaligen Duce-Domizil Quartier zu beziehen, viele Wochenenden und Sommermonate dort zu verbringen, wo Faschisten ein und aus gegangen waren. »Es gehörte schon ziemlich viel Mut dazu. Am Anfang war das Haus für mich traumatisch, seine Geschichte hat mich immer verfolgt«, erzählt mir Inge Feltrinelli, als ich sie in ihrem Mailänder Verlagshaus besuche. Und die Vergangenheit war präsent: Im Park, in einen Felsen eingelassen, befand sich ein großer Bunker, in dem noch Jahrzehnte nach dem Krieg marode Telefonleitungen hingen; von hier aus hatte Mussolini mit Ribbentrop in Berlin telefoniert. Manche Touristen, die mit ihren Booten vor der Villa kreuzten, erlaubten sich den Scherz: »Früher wohnte hier Mussolini, heute Dr. Schiwago« – eine Anspielung auf den berühmten Roman von Boris Pasternak, der in der Sowjetunion zunächst nicht erscheinen konnte und zuerst bei Feltrinelli verlegt wurde.

Später hat sich Inge Feltrinelli aber doch mit der Villa am Lago ausgesöhnt. Verleger, Künstler, Journalisten aus aller Welt reisten an und machten den Ort zu einer kreativen Enklave. Die zum Teil ziemlich extravaganten Wünsche ihrer Gäste stellten die Verleger oft vor logistische Probleme. Henry Miller zum Beispiel wollte unbedingt vor dem Einschlafen noch Tischtennis spielen, also mußten die Feltrinellis abends um sieben einen Pingpongtisch herbeischaffen. Das quälend süße Nichtstun, dem Gorkis parasitäre »Sommergäste« nachgehen, fand am Gardasee nicht statt, versichert die Verlegerin, sondern vor allem Arbeit an und mit Büchern. Dieser Arbeit ist es wohl auch zuzuschreiben, daß Inge Feltrinelli nie einer blinden Italien-Verklärung, einer Kennst-du-das-Land-Schwärmerei verfiel. Inspiration gab es in Gargnano ohnehin genug: das milde Klima, die Lage des Ortes inmitten einer reichen Kulturlandschaft, die Internationalität der Gäste.

In den achtziger Jahren haben die Feltrinellis ihre Villa verkauft – ohne Nostalgie, sagt die Verlegerin. Sie war zum weißen Elefanten geworden, dessen Unterhalt zu teuer wurde. Mittlerweile ist die Villa am Nordzipfel von Gargnano zum Nobelhotel geworden, das – ähnlich wie das *Grand Hotel* in Gardone – mit dem Pfund seiner Exklusivät wuchert. Wer hier absteigt, kommt immer auch mit der Vergangenheit des Hauses in Berührung. Es muß ja nicht das Bett von Mussolini sein.

Landschaftsbilder

Verwunschene Insel

Sie ist schön und nicht so leicht zugänglich, die Diva des Gardasees. Früher durfte kein Fremder seinen Fuß auf die Isola setzen. Seit kurzem kann sie jeder besichtigen, allerdings nicht in Eigenregie und nur mit einer organisierten Tour. Erst seitdem weiß ich, daß die Insel keine Fata Morgana ist. Zypressen, stufenförmig oder in grader Reihe, zeichnen Zinnen und Zacken in den Himmel. Manchmal spiegeln sie sich auch im Wasser, und die Silhouette verdoppelt sich. Die Villa mit ihrer eleganten Fassade zeigt nach Venedig und erinnert an die Paläste der Lagunenstadt. Auf diesem grünen Korridor, auf dem Franz von Assisi im 13. Jahrhundert ein Kloster gründete, wohnt heute die Witwe eines italienischen Grafen, Contessa Cavazza, die gebürtige Engländerin ist. Auch auf dem Festland hat sie Ländereien, aber sie gibt nur ungern Auskunft über den Familienbesitz und ist überhaupt schwer zu sprechen. Früher kursierten viele Geschichten über die unzugängliche Insel: Hunde, hieß es, bewachten die Villa, deren Beißlust angeblich grenzenlos war. Heute gibt es diese Gerüchte nicht mehr, und so hat die Insel ein bißchen ihr Geheimnis verloren. Und wahrscheinlich ist das der Grund, warum ich sie immer noch nicht betreten habe: aus Protest, daß das Mysterium dahin ist. Wenn der Himmel zugezogen ist und der See sich im Dunst verkriecht, liegt die Isola da wie ein langes Schiff, das wegen schlechter Sicht vor Anker gegangen ist. Dann stelle ich mir vor, einmal heimlich an Bord zu gehen und mir in aller Ruhe die filigranen Aufbauten anzusehen. Keiner stört mich, keiner bewacht meine Schritte, keiner will Geld von mir. Vielleicht sollte ich es wagen, eines Tages, eines Nachts, jetzt, wo die Hunde zahnlos geworden sind.

Tal der Papiermühlen

Der Blick hinter die Fassade führt ins Nichts. Ein leeres Gehäuse, nur die Grundmauern stehen noch. Bäume haben in den Ruinen Wurzeln geschlagen und wachsen über die eingefallenen Dächer hinaus. Das »Valle delle Cartiere« ist ein Geistertal, in den ehemaligen Fabriken ziehen Fledermäuse ihre Runden. Vom 14. Jahrhundert an wurde hier Papier hergestellt, immer mehr Mühlen nahmen ihren Betrieb an den Ufern des Toscolano-Baches auf, der sich kilometerlang durch die Landschaft gräbt. Das Papier mit dem Ochsenkopf als Wasserzeichen war in ganz Europa berühmt. Mit der Industrialisierung in der zweiten Hälfte des 19. Jahrhunderts begann der Niedergang. In den sechziger Jahren mußte die letzte Mühle im Tal schließen, heute gibt es nur noch eine einzige Fabrik in Toscolano, die direkt am Seeufer steht. Das Tal der Papiermühlen ist sich selbst überlassen. Ein grüner Dschungel, ein Rückzugsort für Angler, die hier mehr Ruhe finden als am Gardasee. Stundenlang stehen sie in ihren hohen Gummistiefeln am Wasser, vielleicht sind sie inzwischen auch festgewachsen und gehören zur Landschaft wie die Steinbrocken im Fluß.

Am Eingang eines halb verfallenen Wohnhauses hängt ein roter Briefkasten. Ein Namensschild gibt es nicht, dafür hat jemand mit Farbe auf den Steinpfeiler gemalt: Richettini Mario, N. 58 Via Valle Cartiere. Ob er noch hier wohnt? Ein Hund bellt, als ich mich nähere, aber das Haus wirkt verlassen wie ein Strandkiosk im Winter. In der Nähe des Hauses ist eine kleine Brücke, ich folge dem Pfad, stoße auf weitere Brücken, aus Holz oder aus Stein, denen ich eher nicht traue, die Geländer sind häufig weggebrochen. Manchmal warnt ein Schild mit der Aufschrift »Pericolo«, manchmal nicht, alles ist dem Zufall überlassen. In der Ferne kräht ein Hahn, dreimal, viermal hintereinander, kein Geräusch geht in dem engen Tal verloren. Steil ragen die Felsen zu beiden Seiten des Flusses auf, ein zwanzig Meter hoher Wasserfall stürzt an einer Felswand entlang, Gischt spritzt auf und hinunter in die Tiefe, wo Efeu und Holunderbäume üppig wuchern. Die Natur holt sich zurück, was ihr die Industrie einst genommen hat. Das Erstaunliche ist, daß niemand sie daran hindert.

Was die Enten erzählen

Wenn im Winter die Boote vertäut sind, werden die Enten philosophisch. Ruhig gleiten sie über das Wasser, und höchstens ein Angelköder kommt ihnen mal in die Quere. Der Wind trägt ihre Rufe in alle Himmelsrichtungen, kein Motorboot übertönt sie. Wenn das Wasser sachte gegen den Schiffsanleger von Maderno schlägt, fragen sich die Enten, warum der Strand jetzt völlig leer gefegt ist und ob die Menschen wohl gestorben sind. Vielleicht, überlegen sie, haben die Blödmänner im Sommer einfach zu viele überflüssige Bewegungen gemacht. Wenn sie im Wasser vorwärts kommen wollen, schlagen sie mit Armen und Beinen drauf ein und nennen das Kraulen. Sitzen sie in einem Boot, gehen ihre Beine wie Kolben hoch und runter, oder sie versuchen, das Wasser mit großen Holzlatten wegzudrücken. Manchmal springen sie auch über Kopf auf das Wasser los, als wäre es Luft, und wenn sie landen, gibt es ein lautes Klatschen. Wenn sie jedoch in der Sonne liegen, sind die Menschen plötzlich wie gelähmt, stöhnen und warten auf irgend etwas, bis sie vor lauter Warten nicht schwarz, sondern rot werden. So erzählen die Enten. Nur die schlaueste von ihnen, die regelmäßig den durchweichten *Corriere della Sera* liest und ein Buch über die Entdeckung der Sinnlosigkeit schreibt, weiß, woher die Misere der Menschen kommt: Sie können nicht rück- oder seitwärts gucken, weil ihre Augen viel zu weit vorn im Schädel verankert sind. Deshalb hasten sie immer kopflos geradeaus.

Wenn am Strand von Maderno die Tretboote startbereit liegen und die Enten auf ihre Flügelfedern achten müssen, ist der Sommer da. Erst am späten Abend haben sie wieder ihre Ruhe. Doch die Enten sind jetzt kurz angebunden und tranig. Ihre Gespräche verdümpeln schnell in den Wellen des Sees. Sie stellen kurz fest, daß die Menschen doch nicht tot, sondern alle wieder zurückgekommen sind, und solange etwas Brauchbares abfällt, ist der Sommer zu ertragen. Eine Ente hat den Bauch voller Grissini, die andere schnappt am liebsten nach Panettone. Die Jung-Enten halten sich an Kartoffelchips und bedauern, daß die Cola-Dosen immer leergetrunken sind. Der Überfluß des Sommers schläfert ein, es ist zu heiß, um sich den Kopf zu zerbrechen. Erst wenn das Gleiten auf dem Wasser keinen Spaß mehr macht, weil der Bauch rund wie eine Boje geworden ist, und wenn selbst die Klugente vor lauter Verfressenheit nicht mal mehr den Lokalteil ihrer Zeitung schafft, beginnt eine von ihnen zu rufen: Wird Zeit, daß der Winter kommt.

Lebende Bilder: Via Crucis

In weißen Gewändern stehen sie vor der Kirche und zünden eine Kerze nach der anderen an. Hunderte von kleinen Flammen schwirren um sie herum. Als ich in ihre Nähe komme, drückt eine Nonne mir eine Kerze und dazu den Windschutz in die Hand, nickt stumm, ich bin entlassen – ein weiterer Lichttropfen in der dunklen Karfreitag-Nacht. Die Straßen sind für den Autoverkehr gesperrt, aus Lautsprechern rieseln Chorgesänge. Schweigend marschieren wir über das Kopfsteinpflaster dem Kreuzweg entgegen, angeführt von einem Priester, der ein großes Kruzifix trägt und immer wieder daran erinnert, daß wir jetzt alle »Weggefährten« Jesu sind. Die Prozession führt hügelaufwärts nach Biasa, kein Licht dringt aus den Häusern, das Dorf erscheint evakuiert. Torbögen und Plätze sind in fahles Blau getaucht, perfekt ausgeleuchtete Kulissen, und selbst die einheimischen Katzen trauen sich nicht mehr in die Nähe. Alle Scheinwerfer, alle Feuer dieser Nacht brennen für Jesus, der von verschiedenen langhaarigen Laienspielern der Gemeinde dargestellt wird. In einem Olivengarten liegt er am Boden und zupft an Simons Mantel; Simon, der für Jesus das Kreuz trägt, ist versteinert vor Angst, und die Soldaten schauen drein wie die Fürsten der Finsternis. Ein Stück weiter, hinter einer niedrigen Mauer, wieder der Sohn Gottes. Zwei Frauen knien neben ihm und weinen und hören gar nicht mehr damit auf. Kurz vor dem Ende der Via Crucis ein letztes Mal der Erlöser, diesmal ans Kreuz genagelt, und die Soldaten, die ihn bewachen, stehen so grade da wie Zypressen. Die Menschen-Lichterkette zieht langsam vorbei, und der Priester spricht abschließende Worte. Als keiner mehr kommt, wird Jesus, der eben noch die Augen zum Himmel verdreht hat, lebendig. Er springt vom Kreuz, macht ein paar Kniebeugen und ruft fröhlich den Soldaten zu: »Basta – e buona notte.« Die religiöse Folklore ist zu Ende. In den Häusern von Biasa gehen die Lichter an, und kurz darauf sind die Bars von Castelletto voller Menschentrauben. Die Via Crucis ist schön und schaurig zugleich. Jeder atmet auf, wenn sie wieder vorbei ist. Und freut sich auf das nächste Jahr.

Adrenalin am Abhang

Der Blick stürzt ab. Nichts hält ihn auf, kein Felsvorsprung, kein Baum, kein Haus. Wie ein Stein fällt er in die Tiefe. Und jedesmal zucke ich zusammen, weil die Augen nicht daran gewöhnt sind, daß da nichts ist, um sich festzuhalten.

Der kleine Ort Pieve, auf der Hochebene von Tremosine gelegen, ist ein Schwalbennest in 400 Meter Höhe. Wer hierherkommt, soll sich gruseln. Dafür sorgen schon die Schilder, die einen auf dem Weg nach oben begleiten und auf die Attraktion am Abhang vorbereiten: »Schauderterrasse«. Und selbst wer sich weigert, sich gegen die Manipulation der Gefühle wehrt, geht auf der kleinen Terrasse in die Falle: Jeder, der am Abhang steht, erschrickt, weil der Berg so jäh abbricht und das Nichts nur eine Sache von Zentimetern ist.

Pieve ist ein Balkon des Himmels. Ein Ort, der alte Sehnsüchte weckt: die Schwerkraft auszusetzen und als Vogelwesen über den Bergen zu kreisen. Die Luft ist kühl und dünn, die Winde rauschen und heben mich nach oben. Dort unten liegt ein Gebirgssee, tiefblau und seltsam ausdruckslos. Der Gardasee. Sachte schwebe ich zwischen Himmel und Wasser, der See gehört mir ganz, und ich selbst gehöre keinem.

Soldatenfriedhof

Lässig schrauben sich die Schwalben in die Höhe, segeln im Schwung des Frühlingstages, nichts hält sie auf. Unter ihnen blüht die Heide, ein sattes Violett, soweit das Auge reicht, Wespen und Bienen schwirren darin herum. Erst der zweite Blick bleibt an den Steinkreuzen hängen, die zwischen der Heide aufragen; oder an den numerierten Platten am Boden, von denen manche ganz zugewuchert sind. Wer unter der Heide begraben liegt, erfährt man nur selten. In Costermano, einem zersiedelten Dorf oberhalb von Garda, liegt der drittgrößte deutsche Soldatenfriedhof Italiens für die Toten des Zweiten Weltkriegs. An diesem abgelegenen Ort werden Schicksale beliebig. »Ein deutscher Soldat«, »Zwei deutsche Soldaten«. So lauten viele Inschriften, über die jetzt die Eidechsen huschen. Nur manchmal finden sich ein Name und ein paar Zahlen: »Gefreiter Ernst Heinrichs. 5. 6. 23-15. 12. 44«. Gestorben mit 21 Jahren. »Gefreiter Leo Korczyk. 15. 1. 04-12. 10. 44«. Gestorben mit 40 Jahren. Wer mehr wissen will, muß die Besucher fragen, die zwischen den Nummern nach ihren Angehörigen suchen. Zum Beispiel die alte Dame im hellgrauen Kostüm, die vor dem Grab ihres Bruders steht. Er arbeitete in einem Lazarett und ist zwei Tage vor Kriegsende in der Po-Ebene gefallen. Ein absurder Tod. Wie alle anderen auch. Die Heide blüht in diesen Frühlingstagen wie im Rausch. Die Bäume treiben erste grüne Spitzen aus. Und über den Gräbern schrauben sich lässig die Schwalben in die Höhe, nichts hält sie auf.

Olivenbaum in San Michele

Der Stamm ist zerklüftet, sieht aus wie angefressen. Kein fester, runder Körper, den man umarmen könnte, sondern Holzbruch mit Löchern und Spalten, durch die jede Katze mühelos hindurchkriecht. In alle Richtungen spreizen sich die Äste, manche knicken unvermittelt weg. Im harten Mittagslicht wirkt der Baum wie ein Geisteskranker, der mit eckigen Bewegungen durch die Gegend läuft. Wenn der Wind über ihn hinwegfährt, bleibt er einfach stehen. Bis jetzt hat der Baum nur einen oder zwei Arme im Sturm verloren, mehr nicht. Ein Überlebenskünstler, der niemals in den Himmel wachsen wird, weil seine Äste regelmäßig von einem spillerigen Olivenbauern beschnitten werden. Wenn er mit seiner großen Säge anrückt, sieht das immer etwas lächerlich aus, als wolle er dem Baum zeigen, wer hier das Sagen hat. Zwar hat der Bauer noch viele andere Bäume, aber die meiste Zeit verbringt er bei diesem einen.

Es heißt, im Alter werden Herr und Hund, Mensch und Tier einander ähnlich. Vielleicht gilt das auch für Menschen und ihre Pflanzen. Zumindest für diesen Bauern aus San Michele, der mit den Jahren so mager und knorrig geworden ist wie sein Olivenbaum.

Juli

Ein Tag wie Blei. Die Sonne brennt alles Leben aus den Straßen. Bäume und Häuser haben keine Schatten mehr. Die alte Stadtmauer, imposant am Abend, wirkt jetzt verfallen wie eine Ruine. Castellaro Lagusello. Ein mittelalterliches Dorf zwischen Weinfeldern, wenige Kilometer südlich vom Gardasee. Ein Hund schnuppert am Eingang der Bäckerei, die aussieht, als wäre sie seit Monaten zu, keiner ruft ihn, niemanden muß er verbellen, alle Haustüren sind verschlossen. Er legt sich auf die Schwelle, mittagsdumpf, ein Muskel zuckt, dann bewegt er sich nicht mehr. Taubenfedern schweben vom Burgturm herab, fallen auf das heiße Kopfsteinpflaster, kein Wind pustet sie fort. Wenn die Sonne an ihrem höchsten Punkt steht, meine ich manchmal, sie brüllen zu hören wie ein Tier. Meine Augen tasten den Himmel hinauf, um nachzusehen, aber mit einmal wird alles dunkel, und in meinem Kopf breitet sich Nebel aus. Die Mittagszeit ist die Stunde der Dämonen, sie übernehmen jetzt die Herrschaft, heißt es in den Mythen des Mittelmeerraums. Ich bin sicher, daß sie auch in den Norden Italiens kommen. Die Sonne hat genug Kraft, um die Mittagsgeister zu schützen. Wie an diesem Juli-Tag.

André Hellers botanischer Garten

Die Welt steht unter Wasser. Dicke Tropfen gleiten an den Papyrusblättern entlang, bleiben kurz an der Spitze hängen, um in einen Teich voller Seerosen zu fallen, die glänzen wie frisch geölt. Der Regen malt Ringmuster auf die Wasseroberfläche, manchmal rudert ein Fisch mit seiner Schwanzflosse dazwischen, und das Muster gerät durcheinander. Der meterhohe Bambuswald vibriert, einen Moment denke ich, da könnte ein Affe sein, aber es waren nur ein Windstoß und Regen. Die buddhistischen Gebetsfahnen, die wie auf einer Wäscheleine nebeneinanderhängen, ziehen schwer nach unten. Überall sickert der Regen ein, fällt auf die kanarischen Drachenbäume und die Wüstenrosen aus Afrika, legt sich auf den asiatischen Schlangenbart, dessen schmale Blätter auf und ab wogen. Der Garten – Anfang des 20. Jahrhunderts von dem Arzt Arthur Hruska in Gardone angelegt und seit 1988 im Besitz von André Heller – ist verwunschen und verwuchert. Leicht verirrt man sich zwischen all den exotischen Gewächsen, deren Namen manchmal an Indianerfilme erinnern, zum Beispiel Wolfsmilch oder Großes Ochsenauge. Wer in diesem poetischen Dschungel herumläuft, durchwandert innerhalb kurzer Zeit Kontinente. Bei schlechtem Wetter macht der Besucher die botanische Weltreise häufig allein, und das hat einen ganz besonderen Reiz. Wenn die Luft sehr warm ist, denke ich an die schwimmenden Reisfelder in Bali oder an tropischen Regen. Die Kleidung hängt schwer am Körper, alles geht landunter, und irgendwann schwimme ich selbst davon.

Was wäre Sirmione ohne Catull?

Sirmione, eine der berühmtesten Halbinseln der Welt, hat die Wirkung von süßem Schaumwein: Man bekommt schnell genug davon. Wer in die enge Altstadt möchte, muß erst mal durch ein Nadelöhr: das Tor unweit der Burg, wo sich die Touristengruppen stauen. Ist der Einstieg in die Stadt geschafft, wird man während der sommerlichen Rush-hour automatisch vom Besucherstrom mitgerissen und vielleicht irgendwann in eine Gelateria gespült, die Eis in allen Regenbogenfarben verkauft. Sehr selten ist unter den Kunden mal einer der rund 500 Einheimischen zu treffen, die im alten Kern der Stadt leben. Einen Wunschtraum haben sie alle: sich einfach von einem Ort zum anderen zu beamen oder mit Hilfe eines unterirdisches Tunnelsystems fortzubewegen.

In Sirmione habe ich immer das Gefühl, durch eine gigantische Bühnendekoration zu gehen. Jedesmal bin ich versucht, mit der Hand gegen eine Mauer des Skaligerkastells aus dem 13. Jahrhundert zu klopfen, um festzustellen, ob es hohl klingt. Aber der Stein ist echt und keine Disney-Pappe, und die Fische im moosgrünen Wasser des Burggrabens schwimmen munter umher. Wäre das Skaligerkastell weniger gewaltig, sondern schlichter und schrundiger, würde ich es vielleicht mehr mögen. Das Perfekte erscheint künstlich und bremst die Phantasie, erst das Unvollkommene hält die Gedanken in Fluß. Was Stefan Zweig einmal über Salzburg schrieb, läßt sich auch auf Sirmione übertragen: »Hier müssen nicht Kulissen aus Pappe und Leinwand mühsam herangeschoben werden, um theatralischen Schein zu erwekken, hier ist Gasse und Hof, Kirche und Landschaft selbst eine lebendige Kulisse und bewegter Rahmen.«

Bei aller Unterschiedlichkeit zwischen Salzburg und Sirmione gibt es doch einige Parallelen: Beide Orte haben eine beneidenswert schöne Lage, eine pittoreske Burg und niemals ihre Ruhe. Was für die Stadt an der Salzach Mozart bedeutet, ist für die Halbinsel auf der anderen Seite der Alpen Catull. Der Österreicher komponierte Musik, der Römer, der ein großer Liebhaber Sirmiones war, Poesie. So wird man auf seinem Rundgang von lieblichen Klängen beflügelt – und ständig mit der Vermarktung des berühmten Gastes konfrontiert. In Sirmione gibt es eine *Via Catullo*, ein *Hotel Catullo*, einen Bootsservice Catullo, T-Shirts mit Catull-Versen, Catull-Poesie an Hauswänden und Hoteleingängen. Und als Blickfang am Hafen eine Catull-Büste, die den Dichter mit dem energischen Blick eines römischen Kaisers zeigt. Alles ist catullisiert. Nur Catull-Kugeln aus Amaretto-Gebäck habe ich noch nicht entdeckt. Die Bezeichnung »Grotten des Catull« ist, wie man heute weiß, ein Fall von Geschichtsklitterung: In Wirklichkeit hat der Liebesdichter gar nicht in der Villa am äußersten Ende der Halbinsel gewohnt, eher in einem sehr viel bescheideneren Haus, und bis heute ist nicht geklärt, welche Funktion die vermutlich im 1. Jahrhundert entstandene Anlage eigentlich hatte – Palast, Gästehaus, Sommerresidenz? Wüßte man es, wäre die Aura des Geheimnisvollen längst dahin. Zumindest hat Catull dem Ort schöne Verse hinterlassen: »Salve, venusta Sirmio«, »Dich grüß ich, schönes Sirmio«, lauten die vielzitierten Worte. Vorher heißt es im selben Gedicht emphatisch: »Der Inseln all, mein Sirmio, und der Halbinseln/Juwel (...), wie gern und wie erleichtert seh ich dich wieder.«

Berühmt geworden sind vor allem die Verse Catulls, in denen er als unglücklich Verliebter auftritt. Von seiner Muse und Freundin »Lesbia«, der Römerin Clodia, tief verletzt, hat der Schriftsteller in seinen Gedichten viel Kluges über die Psychologie von Beziehungen geschrieben: »Einstmals hast du gesagt, dein Umgang sei einzig Catullus, / Lesbia, und für mich schlügst du selbst Juppiter aus. (...) / Jetzt aber kenne ich dich: und wenn auch heißer ich glühe, / bist du verächtlicher mir, bist du mir weniger wert. / ›Aber warum?‹ fragst du. Weil im Liebenden solch eine Kränkung / größere Leidenschaft weckt, aber die Achtung läßt nach.« Die Leiden des jungen Catull, in vielen seiner Gedichte besungen, geben Sirmione eine Prise Tragik, die zur theatralischen Ausstrahlung der Kulissenstadt paßt.

Hätte Catull heute gelebt, wäre ihm vielleicht zu helfen gewesen. In Sirmione gibt es nämlich jemanden, der Liebeskummer heilt und nach eigener Aussage eine Lokalgröße ist, »bekannt und geschätzt« in Verona und Umgebung. Beim Blättern in der Tageszeitung *L'Arena* hätte Catull auf ihn stoßen können. Der Mann auf dem Foto im Paßbildformat sieht aus wie ein Beerdigungsunternehmer – dunkles Jackett, gediegene Krawatte, gepflegter Vollbart – und macht mit Astrologie sein Geld. Er nennt sich »Massimo di Sirmione« und kann Beziehungs-Berge versetzen: »Amori impossibli«, unmögliche Liebschaften, sind sein Metier, wie es in der Annonce heißt, man muß nur daran glauben. Drei Telefonnummern sind angegeben. Ich bin neugierig und wähle die erste. Eine Frauenstimme fragt geschäftsmäßig: »Was wünschen Sie?« Ich erzähle ihr, daß ich womöglich Massimos Hilfe brauchte. Ich sei unglücklich in einen Schriftsteller verliebt, er allerdings nicht in mich ... Doch die Sekretärin unterbricht mich, offenbar hat sie schon häufiger als Beichtmutter herhalten müssen. »Das müssen Sie mit Massimo besprechen.« Mit welchen Methoden er mir denn helfen könne, frage ich. Die Antwort fällt knapp aus: »Die Sitzung dauert 30 Minuten und kostet 40 Euro. Wann wollen Sie kommen?« Erschrocken lege ich den Hörer auf. Catull wäre bestimmt mutiger gewesen. 40 Euro, das ist ja nicht die Welt. Aber wer weiß, wie viele Sitzungen ...

In Sirmione kann einem Catull irgendwann über werden, andererseits läßt sich der glücklose Liebesdichter hier neu entdecken. Auch die Halbinsel bleibt für mich immer ein Widerspruch: Sie ist ein greller Rummelplatz und gleichzeitig so schön, daß ich jedesmal wie betäubt bin. Wer aus den Gassen herausgefunden, den überfüllten Strand *Lido delle Bionde* hinter sich gelassen und die parkähnliche Spitze erreicht hat, spürt sofort: Hier beginnt eine andere Welt. Ein gleißendes, fast mediterranes Licht liegt über der Halbinsel, die das Privileg hat, den ganzen Tag Sonne einzufangen. Unter der Wasseroberfläche schimmern bemooste Kalkplatten, und der See strahlt an manchen Sommertagen in einem so intensiven Türkis, als wäre er von versteckten Scheinwerfern ausgeleuchtet.

Die Grotten des Catull, die Überreste der größten römischen Villa Norditaliens, haben morgens einen sehr eigenen Reiz. Noch sind keine Tagestouristen da, die Wildtauben gurren ungestört zwischen den Ruinen, und die Sonne tastet sich langsam an den monumentalen Mauern und Bögen entlang. Gerade weil bislang keiner mit Sicherheit sagen kann, wem und wozu diese Villa am äußersten Nordzipfel Sirmiones diente, darf der Besucher frei spekulieren. Für mich gibt es keinen Zweifel: In den Grotten von Sirmione wohnten einst die Riesen. Vieles ist zwar zerstört, aber was noch steht, erhebt sich gewaltig. Wuchtige Gewölbe, prächtige Rundbögen, lange Treppen, eine endlose Wandelhalle. Bei diesen Ausmaßen verwundern die Namen nicht, die Archäologen den einzelnen Schauplätzen gegeben haben: »große Zisterne«, »langer Korridor« oder »Halle der Giganten«. Diese Halle liegt an der äußersten Spitze der Villa, ihren Namen verdankt sie den heruntergefallenen Steinbrocken, die auf dem Boden liegen und zum Teil von Pfeilern abgestützt werden. Sie sehen aus, als ob der Gott der Riesen sie in einem Wutanfall dorthin geworfen hat. Vielleicht haben er und die Seinen ihre Energie aus der heißen Schwefelquelle bezogen, die ganz in der Nähe der Villa aus dem Wasser sprudelt und seit hundert Jahren den Ruhm Sirmiones als Thermal- und Kurbad begründet. Daß die Kraft, die aus dem Wasser kommt, penetrant nach faulen Eiern riecht, wird die Giganten nicht gestört haben. Nach ausgiebigen Bädern war der Bau des Palastes für sie wahrscheinlich nur noch eine Fingerübung. Daß sie sich ausgerechnet auf der schmalen Landzunge von Sirmione niedergelassen haben, läßt ihr Werk noch aberwitziger wirken.

Die Natur läßt sich von der gewaltigen Architektur nicht beeindrucken. Viele Gewölbe sind von Efeu zugewuchert, Steine mit Moos überzogen, und zwischen den Mauern breiten sich Olivenbäume aus. Das Grün wächst über alles hinweg und nimmt es in Besitz. Am äußersten Ende bricht die Ruinen-Landschaft plötzlich ab: links und rechts und vorn nur Wasser, kleine Wellen rennen gegen die Felsen an. Hier fühle ich mich wie auf dem Bug eines Schiffes, mit dem ausladenden Feigenbaum vor dem Abhang als Mast. Ein würziger Duft geht von ihm aus und mischt sich mit Rosmarin und Kirschlorbeer. Auch später, als ich schon wieder weg bin, habe ich den Geruch noch in der Nase.

Sobald am Abend die Villa geschlossen ist, gehört der kleine Platz vor dem Eingang den knutschenden Paaren und den Spatzen, die Panini-Reste aufpicken. Ein zartrosa Glanz liegt über dem Wasser, unten im Schilf tanzen die Mücken, am westlichen Seeufer gehen langsam die Lichter an. Und, wer weiß, vielleicht sind jetzt die Riesen zum Schlafen in die Grotten zurückgekehrt.

Die *Villa Cortine*, das Fünf-Sterne-Hotel von Sirmione, liegt ebenfalls im grünen Teil der Halbinsel. Ein Park mitten in einem Park. Das Hotel thront auf einem Hügel zwischen Zypressen und gestutzten Buchsbaumhecken. Am Eingang unten an der Straße ein von Säulen flankiertes Eisentor. Meist ist es geschlossen und von Hand nicht zu öffnen. Manchmal jedoch geht es wie durch ein Wunder quietschend auf, und wer gerade davor steht, kann schnell hindurch und in den weiträumigen Park schlüpfen. Der erste, der einem begegnet, ist Neptun. Sein Penis ist dezent mit einem Feigenblatt verdeckt.

Grimmig umklammert er den Dreizack, was ziemlich albern wirkt, denn das Wasser, über das er wacht, dümpelt vor sich hin: ein Teich mit blühenden Seerosen. Ein paar fette Fische bewegen sich träge, Nymphen beobachten sie vom Beckenrand aus, ansonsten tut sich nichts. Neptun hat schon mal aufregendere Zeiten erlebt.

Doch die große Welt spielt eh nicht hier, sondern auf der Spitze des Hügels. Der Dreiklang zwischen Hotel, Garten und Landschaft ist perfekt. Das Hotel mit seiner neoklassischen Fassade erinnert tags an eine Palladio-Villa, abends, wenn es dunkel wird und alle Fenster voll erleuchtet sind, an ein prächtiges Theater. Anfang des 20. Jahrhunderts wurde die Villa erbaut und dafür eigens Marmor aus Verona per Schiff vom östlichen Seeufer herbeigeschafft. Jeder Gast drosselt hier automatisch das Tempo und betrachtet wie ein Museumsbesucher Stilmöbel, Fresken, Mosaiken und intarsiengeschmückte Decken. Der Garten mit Laubengängen, Palmen, Säulen und Amphoren ist ebenfalls ein Kunstwerk, zwar stilisiert, aber nicht steril: Die Säulen haben Patina angesetzt, und die Geranien dürfen wild aus den Amphoren herauswuchern. Hauskonzerte, ein Abendessen bei Kerzenschein, Espresso auf der eleganten Terrasse – in der Villa auf dem grünen Hügel von Sirmione erscheint die Welt im Weichzeichner, rückt die Tagespolitik weit weg, sind Stau und Klau und überfüllte Strände nicht mehr als Zeitungsnotizen, die Villa Cortine hat schließlich ihren eigenen Strand. Nostalgie ist Programm: Wer hier absteigt, soll sich einlassen auf die »Suche nach einem Geschmack und einer nunmehr verlorenen Empfindlichkeit«, so die Werbung in Prospektdeutsch. Vergangenheit wird ganz bewußt beschworen, und welche empfindsame Seele ließe sich davon nicht beeindrukken? Schau rückwärts, Engel ... Die Gegenwart holt dich früh genug wieder ein.

Die Seefahrerin von San Benedetto

Rosella schläft in Raten, nie lange am Stück. Wenn andere Leute im Fernsehen die Abend-Nachrichten anschauen oder ihren verworrenen Morgenträumen nachhängen, arbeitet sie. Von ihrer Wohnung im ersten Stock hat sie keinen Seeblick, die laute Landstraße, die von San Benedetto ins Zentrum von Peschiera führt, ist gleich um die Ecke. Rosellas Mutter wohnt unten im Haus und wacht über den Schlaf ihrer Tochter. Ich klingele nachmittags um zwei, und die alte Frau mit dem zierlichen Dutt, der wie ein Aprikosentörtchen aussieht, schlägt die Hände über dem Kopf zusammen: ganz unmöglich. Ich klingele nachmittags um vier, und Rosellas Mutter setzt ein schmales Lächeln auf: vielleicht in einer dreiviertel Stunde, aber dann nur kurz, die Fische warten nicht. Zur angegebenen Zeit dirigiert sie mich nach oben in eine blankgescheuerte Einbauküche.

Rosella trägt zum geblümten Sommerkleid grüne Gummistiefel, die fest über ihren Waden sitzen. Offensichtlich hat sie schlechte Laune. Soviel Arbeit, sagt sie, gleich müsse sie noch einen Krankenbesuch machen. Und jetzt auch noch Sie – der unausgesprochene Satz hängt ungemütlich in der Luft. Ihre Tochter Angela, die in einem Hotel arbeitet, versucht zu vermitteln und spielt professionell die Empfangsdame. Ob ich Cola wolle und dazu einen deutschen Müller-Joghurt? Es rührt mich, wie Rosella von Mutter und Tochter unterstützt und abgeschirmt wird. Wer und wo wohl Angelas Vater ist? frage ich mich, während die Dreißigjährige freundlich auf mich einplaudert. Ihre Mutter könne wunderbar kochen – Fischgerichte, was sonst. Vor allem für ihren Risotto mit Schlei sei sie berühmt. »Man muß ihn sehr liebevoll und langsam kochen. Nicht der Risotto wartet auf die Gäste, sondern die Gäste warten auf den Risotto«, sagt sie, sichtlich bemüht, keine Pausen aufkommen zu lassen. Währenddessen putzt ihre Mutter am Spülstein in rasantem Tempo Fische; die Dinger sind kurz und haben viele Gräten, aber Rosella hat sie im Griff. In der Küche hängt ein scharfer Geruch, und der Joghurt schmeckt dadurch etwas tranig. Als ich meinen Stuhl näher zu Rosella rücke, um mit ihr ins Gespräch zu kommen, läßt sie meine Fragen über sich ergehen wie schlechtes Wetter. Kann sie davon leben, ihren Fang – Sardinen, Blaufelchen, Aale, Schleie, Hechte und Barsche – an Restaurants und Privatleute zu verkaufen? Doch, einigermaßen. Wird sie, die einzige Berufs-Fischerin am Gardasee, von ihren männlichen Kollegen scheel angesehen? Kopfschütteln. Angela interveniert: Schon als sie klein war, sei Rosella mit ihrem Vater zum Fischen gefahren und seitdem davon nie mehr losgekommen. Wenn sie wegen des Sturms nicht rauskönne, werde sie nervös und leide unter Entzug. Rosella widerspricht nicht und putzt weiter. Erst als sie fertig ist, schaut sie hoch. »Mit Mitte Fünfzig steckt man diesen Job nicht mehr so leicht weg.« Nachmittags um halb sechs fährt sie raus, um ihre Netze auszuwerfen. Vier Stunden später kommt sie zurück, ißt, schläft bis halb fünf. Dann fährt sie wieder los, um den Fang einzuholen, ist um zehn zu Hause, verkauft den Fisch, ißt, schläft zwei Stunden – und die nächste Schicht beginnt. Als Rosella nüchtern ihren Arbeitsalltag herunterspult, frage ich mich, ob sie dem Gardasee jemals ein Stück Romantik abgewonnen hat. Ich stelle sie mir als junge Frau vor, in geblümtem Kleid und ohne Gummistiefel, wie sie an einem Sonntagabend mit dem Boot hinausfährt, diesmal hat sie keine Netze dabei. Sie ist mit einem Freund unterwegs, vielleicht in Richtung Sirmione, das Boot schaukelt leicht hin und her. Nach einer Weile macht sie den Motor aus, gemeinsam legen sie sich flach auf den Boden und suchen sich die schönsten Sternbilder aus ... Doch dann reißt der Film, und irgendwie paßt er nicht in diese streng riechende Küche. »Ich muß jetzt los«, sagt die Fischerin gerade, und der Film ist endgültig aus. »Wenn Sie wollen, kommen Sie zum Hafen, dann können Sie mein Boot angucken.« Angela erklärt mir den Weg, während ihre Mutter schnell noch ein paar Messer saubermacht. Dann drückt Rosella mir die Hand – noch Stunden später riecht sie nach Fisch.

Der Hafen von San Benedetto ist klein, aus der Imbißbude riecht es nach billigem Öl, am Tresen steht niemand. Ein älterer Mann mit karierter Schirmmütze sitzt an der Mole, ich frage ihn nach Rosella, er nickt, sie sei eine Freundin von ihm. Rosella sei heute spät dran, die Netze müßten schleunigst raus. Dann zeigt er mir ihr Boot: ein niedriger Kahn mit zwei Motoren, in der Mitte liegt eine Gummischürze. »Manche Leute haben einfach kein Glück«, sagt er. »Rosellas erster Mann, der Vater von Angela, kam bei einem Unfall ums Leben. Der zweite starb, als er vom Fischen zurückfuhr: Herzinfarkt.« Erst jetzt verstehe ich die Fischerin ein bißchen besser: eine Pragmatikerin, die vom Leben mehrfach böse angerempelt wurde und um so weniger bereit ist, in die Knie zu gehen. Und die von ihrer schlafraubenden Droge nicht lassen kann.

Rosella kommt die Mole entlang, gefolgt von zwei Hunden, der eine schwarz, der andere gescheckt. Mit einem Satz springen sie an Bord und nehmen ihre Plätze ein, das Ritual ist eingespielt. Rosella winkt zum Abschied, klettert aufs Boot und wirft den Motor an. Dann steuert sie aus dem Hafen heraus, aufrecht sitzend, entschlossen, und ich denke, vielleicht gibt es ja auch Amazonen des Wassers.

Silvias Liebe schmeckt dolce – Valeggio sul Mincio

Wer nach Valeggio kommt, kann probieren, wie die große Liebe schmeckt. Er kann sie sich auf der Zunge zergehen lassen, sie delikat portionieren oder sie in gierigen Happen verschlingen. Wer will, kann ihr auch das Herz entreißen, indem er es aus seiner schützenden Hülle löst. In jedem Fall wird die Erinnerung an diesen kulinarischen Liebesakt lange haften.

Valeggio, südlich von Peschiera am Fluß Mincio gelegen, besticht nicht durch übermäßigen Charme. Die Kleinstadt hat keine anständige Piazza, laut braust der Durchgangsverkehr – dafür aber ist Valeggio das Königreich der Pasta. Der Tortellino wird hier fast kultartig verehrt, so daß man ihm eigentlich einen Altar errichten sollte. Jede Teigtasche wird von Hand gefertigt, jede spielt auf eine Liebes-Legende aus dem 14. Jahrhundert an, auf einen Knoten, den eine verliebte Nixe in ihr Taschentuch knüpfte. Im Italienischen klingt der »Nodo d'Amore« weitaus erotisierender als im Deutschen, wie eine Beschwörungsformel. Die Tortellini, mit Fleisch, Spinat, Artischocken-Mus oder Kürbis gefüllt, werden mit geschmolzener Butter und Parmesankäse serviert. Wozu das führt? »Der Gaumen fühlt sich süß geküßt«, wie der Verkäufer in einem Feinkostladen sagt. Grenzenlos ist die Gourmet-Poesie ... In den Schaufenstern sind die Teigwaren wie Preziosen drapiert, viele Touristen und Tortellini-Pilger kommen mit Kühltaschen nach Valeggio, um die Liebesknoten darin nach Hause zu tragen. Für jeden Restaurant-Besitzer wäre es ein Sakrileg, die Tortellini als Fremdproduktion einzukaufen, anstatt sie am eigenen Küchentisch zu kneten. Der Teig muß einen satten Gelbton haben, dafür müssen zehn Eier in ein Kilo Mehl geschlagen werden. Den Vorsitz beim Formen der goldenen Beutel hat selbstverständlich die Dienstälteste, also die Mamma oder die Nonna. Alle, auch die jüngeren Familienmitglieder, sitzen mehrmals in der Woche um den Tisch herum und falten, damit die Restaurantgäste *pasta fresca* bekommen. So sorgt die Nudel für den Zusammenhalt des Clans, der Liebesknoten wird zur Keimzelle der Familie.

Orthodoxe Hersteller meinen, die Nudeln müßten – ähnlich wie fangfrischer Fisch – noch am selben Tag gegessen werden, erst dann bekäme man ihren wahren Schmelz zu spüren und eine Ahnung vom Pasta-Paradies, doch eine Nacht im Kühlschrank schadet normalerweise nicht. Werden die Tortellini allerdings in der Tiefkühltruhe versenkt, sind sie so gut wie tot. Aleramo Gandini, Chef im Restaurant *Al Cacciatore*, zeigt mir seine Küche, in deren Mitte ein langer Holztisch steht. Dann zieht er eine Schublade der Kühltruhe auf und schüttelt traurig den Kopf: An den Teigtaschen hängen Eisbrocken, die gefrorenen Nudeln klappern hart gegeneinander. »So sehen Tortellini aus, denen Gewalt angetan wurde«, sagt er. Seine Familie hätte zuviel produziert und deshalb den Überschuß einfrieren müssen. Was jetzt mit den vergewaltigten Nudeln geschehe, wisse er auch nicht, den Gästen könne er sie unter keinen Umständen anbieten. Also bleibe nur noch selber essen, *forse*, vielleicht.

Im Spätsommer ist die Saison der Kürbisse, die hier häufig die Größe von Medizinbällen haben. Leuchtend rot wie untergehende Sonnen liegen sie in den Gärten, auf Garagendächern und in den Fenstern der Lebensmittelgeschäfte. Ich gebe zu, ich bin den *tortelloni con zucca*, den fruchtig-süß schmeckenden Kürbis-Nudelbällchen so weit verfallen, daß ich sie ganz oben auf die Liste meiner Glücksdrogen gesetzt habe. In einem kleinen Lokal in Valeggio habe ich sie als Vor- und Nachspeise gegessen, dazwischen einen Fisch vom Gardasee. Ich hätte mir statt der vielen Gräten auch mit Fleisch gefüllte Tortellini als Zwischengang vorstellen können, aber der Cameriere war ohnehin irritiert angesichts der Nudeln zum Dessert. Noch einmal mußte ich ihn jedoch nicht verwirren – das kleine Valeggio hat rund zwanzig Restaurants.

Was der Ober-Stadt an Schönheit abgeht, wird durch den Ortsteil Borghetto, der direkt am Fluß liegt, wettgemacht. Erstaunlich, daß dieser alte Kern mit seinen schmalen Gassen und alten Wassermühlen so malerisch bleiben darf, wie er ist. Keine Souvenirbuden, keine grinsenden Kürbismasken, keine Liebesknoten aus Porzellan. Die Festung auf dem großen Staudamm sieht aus wie ein hohler Zahn, die Zeit hat aus der ursprünglich kriegerischen Anlage eine romantische Ruine gemacht. Ende des 14. Jahrhunderts wurde das Stauwerk von Giangaleazzo Visconti gebaut – ein Projekt, nicht frei von Größenwahn. Die Mailänder beherrschten damals den Gardasee, ihre Kriegsschiffe lagen in Riva und Desenzano vor Anker. Mit dem Damm wollte Visconti den Mincio stauen, um das südlich gelegene Mantua vom

Wasser abschneiden und belagern zu können. Dazu ist es nie gekommen. Aber das Einschüchterungsmanöver gegenüber Venedig, dem großen Rivalen, war erfolgreich: Niemals kreuzten die Venezianer mit ihrer Flotte auf dem Fluß auf. Allerdings entwickelten sie eine Alternativ-Strategie, und die hatte umwälzende Folgen: Über die Etsch dirigierten die Venezianer ihre Schiffe bis auf die Höhe des nördlichen Gardasees und schleppten sie durchs Gebirge bis nach Torbole. Unglaublich, worauf die menschliche Phantasie verfällt, wenn sie von Machtgier angetrieben wird ... 1440 gewinnt Venedig die Seeschlacht um Riva, kurze Zeit später wird der gesamte Gardasee vom venezianischen Löwen regiert – kein Staudamm konnte ihn aufhalten.

Heute wird die 600 Meter lange Brücke in Borghetto einmal im Jahr, im Juni, für ein Festbankett gesperrt: Die Restaurants von Valeggio organisieren ein Gourmet-Spektakel für 4000 Menschen, die dort an langen Tischen tafeln. Unter ihnen braust der Mincio, über ihnen knallen die Feuerwerkskörper durch die Luft, und künstliche Sternschnuppen fallen sachte ins Wasser. Wer rechtzeitig einen Platz für das »Liebesknoten-Fest« reserviert, bekommt für rund hundert Mark eine Karte mit Sitznummer. Wie im Theater. Nur daß man selbst auf der Bühne sitzt. Man könnte sich auch vorstellen, daß dort zu später Stunde Giangaleazzo Visconti mit hochgerecktem Kinn auftritt, um alle Jahre wieder auf sein Lebenswerk, den Staudamm, anzustoßen.

Die Legende vom Liebesknoten geht auf die Zeit zurück, in der die Visconti über Valeggio herrschten. Damals soll es Nixen im Mincio gegeben haben, die nachts aus dem Wasser stiegen und tanzten. Allerdings sahen sie zum Fürchten aus – ein böser Fluch hatte sie verhext. Malco, ein Anführer der Visconti-Truppen, verfolgt während einer Nachtwache ihren Tanz. Eine der Tänzerinnen, Silvia, verliert den Hexenmantel und steht als Nixe vor Malco da. Amour fou zwischen dem Militär und der Mincio-Grazie. Eine lange Nacht, ein Treueschwur – dann steigt Silvia zurück ins Wasser und hinterläßt ihrem Liebsten ein geknotetes Taschentuch als Pfand. Am nächsten Tag gibt der Fürst ein Fest, und eine der Tänzerinnen ist, wie Malco entdeckt, Silvia. Doch auch die Hofdame Isabella, unglücklich in Malco verliebt, registriert verliebte Blicke. Das Eifersuchtsdrama nimmt seinen Lauf: Isabella denunziert Silvia als Hexe, die Schöne muß fliehen. Wenig später folgt Malco ihr nach, und gemeinsam stürzen sie sich in den Fluß zu den übrigen Nixen. Am Ufer findet der Fürst Visconti später nur noch Silvias geknotetes Seidentuch – die große Liebe zwischen dem Fahnenflüchtigen und der Fischfrau hat an Land nichts zu suchen.

Heute würde sich wahrscheinlich keine Nixe mehr an die Ufer des Mincio trauen. An den Sommer-Wochenenden verwandeln sie sich in eine Art Freizeitkolonie. Jeder, der kommt, steckt sich sein Stückchen Mincio ab – als Markierung dienen Angelruten, Schirme, Liegestühle. Notfalls werden Kofferradios aufgedreht, um die Nachbarn auf Abstand zu halten, aber niemals übermäßig laut, dazu haben alle zuviel Respekt vor dem stillen, von Pappeln und Wiesen gesäumten Fluß. Ein älteres Paar kommt auf einer Vespa angeknattert und errichtet mit Klappstühlen, Gaskocher und Espressokanne eine

Rentnerlaube. Einige Angler bauen ein halbes Dutzend Ruten auf, während die Ehefrauen geduldig im Campingstuhl neben dem Auto warten und in Gedanken schon den Hecht ausnehmen. Wer an den Mincio kommt, hat keine Eile, die gleichförmige Strömung ist wie eine Meditation.

Das Wochenende ist auch die Zeit für den Bund des Lebens. Hochzeitsgesellschaften ergehen sich in den engen Gassen von Borghetto, die Männer sind schwarz gekleidet, die Frauen bevorzugt Dunkelgrau und Beige. Ob jeder Gast immer weiß, zu welchem Clan er gehört? Eine Gruppe sitzt im Restaurant *San Marco*, wo jeder Gang nach Romantik schmeckt, denn die Terrasse liegt direkt über dem Fluß und die Festungsruine schräg gegenüber. Eine weitere Gesellschaft wartet vor der kleinen Kirche *San Marco*, Fotoapparate und Reiskörner sind parat. Auf der anderen Seite des Mincio fährt ein mit Rosengirlanden geschmückter Mercedes vor. Die Braut, ganz in Creme und mit passenden Schleifchen im Haar, steigt langsam aus, ohne über ihren Schleier zu stolpern. Schon ist der Vater neben ihr, reicht ihr mit ernster Miene den Arm, und gemeinsam schreiten sie über die alte Brücke auf die Kirche zu. Eine Filmszene in Zeitlupe. Wer weiß, wie oft die Protagonisten sie vorher geprobt haben.

Nach der Trauung eine neue Regieanweisung. Jetzt muß das Brautpaar gedankenvoll über die Brücke zum Auto zurückgehen. Den Segen des Mincio haben sie, der hier, wo das Wasser gestaut wird, am lautesten braust. *Ein* tragisches Paar – Silvia und Malco – ist schließlich genug.

Die Totenschädel von Solferino

Solferino ist ein beschaulicher Ort. Eine Kette von grünen Hügeln umgibt das Dorf, das wenig mehr als 2000 Einwohner hat. Auf einer Anhöhe steht ein alter Turm, eingefaßt von Zypressen. Neben der Dorfstraße läuft ein Huhn, im Lebensmittelgeschäft gehen zur Mittagszeit die Rolläden herunter. Zwei junge Männer knattern mit ihren Motorrädern über den Asphalt, vor einer Bar machen sie johlend eine Vollbremsung, doch außer mir hat niemand ihre Show verfolgt. Dann breitet sich erneut Stille in Solferino aus. Ich gebe zu, die Vorstellung, daß hier und im nahen San Martino eines der größten Gemetzel der italienischen Geschichte ausgetragen wurde, fällt mir außerordentlich schwer. Am 24. Juni 1859 kämpften Franzosen und Italiener unter Führung von Napoleon III. gegen die Österreicher. 150 000 Soldaten und 360 Kanonen gegen 135 000 Soldaten und 400 Kanonen. Habsburg verlor und mußte kurz darauf die Lombardei und Venetien an Italien abtreten – ein Markstein auf dem Weg zur italienischen Einigung im Jahr 1866. 25 000 Menschen waren in der Schlacht von Solferino und San Martino gestorben, mehr als 10 000 wurden schwer verletzt.

Gegenüber dem kleinen Zwei-Sterne-Hotel *Alla Vittoria* befindet sich das Kriegsmuseum. Es ist geschlossen, die Saison hat Ende März noch nicht begonnen. Es sei aber möglich, das Beinhaus in der Chiesa *San Pietro* zu besichtigen, erklärt mir ein älterer Mann auf der Straße. »Etwas ganz Besonderes, Sie werden es so schnell nicht vergessen.« Er klopft mit den Knöcheln der linken Hand gegen seinen Kopf. Es klingt ziemlich hohl, und ich frage mich, ob es bei mir genauso klingt. »Immer dem Kiesweg folgen, dann kommen Sie direkt zu den Gebeinen«, ruft er mir hinterher.

Eine lange Zypressenallee führt direkt auf die Kirche zu. Die Sonne beleuchtet die helle Fassade und ein Mosaik mit dem heiligen Petrus, der von zwei Auferstehungsengeln flankiert wird. Ob sie den vielen toten Kriegern gewachsen sind? 1413 Totenköpfe und 7000 Skelette von Solferino-Kämpfern sind in der Kirche aufbewahrt, informiert nüchtern eine Broschüre. Ein paar Schritte, und ich stehe vor dem Eingangsportal. Kühle Luft schlägt mir entgegen, und an die Dunkelheit muß ich mich erst gewöhnen. An den Wänden hängen keine Gemälde, sondern Tafeln und Kränze, im Altarraum ist ein großes Kruzifix errichtet. Langsam gehe ich auf die schweren Vorhänge zu, die das Kirchenschiff in zwei Hälften teilen. Im hinteren Teil stehen deckenhohe Aufbauten, die aussehen wie Regale. Als ich mich nähere, kriecht mir die Kälte in den Nacken. Ein Schädel liegt hier neben dem anderen, eine lückenlose, akkurate Anordnung. Unzählige Augenhöhlen fixieren mich von vorn und von der Seite, und ich weiß nicht, wohin ich den Blick richten soll. An einer Seitenwand entdecke ich ein Schild, das man sonst in Museen findet, »Bitte nicht berühren« – es kommt mir höchst überflüssig vor. Weiter oben sind die Menschenreste zu Mustern angeordnet: Knochen und Schädel wechseln sich ab, in makabrer Perfektion nach Größe und Gattungen sortiert. Bis unter die Decke reicht die Galerie der Gebeine. In der

Knochenkapelle von Solferino wird der Tod in Reih und Glied gezwungen, parzelliert. Wo Chaos und Leid war, suggeriert das Beinhaus Ordnung. Der alte Mann hat recht, diese düstere Symmetrie des Todes werde ich so schnell nicht vergessen.

Als ich die Kapelle verlasse, schlägt mir die Sonne ins Gesicht. Spatzen zwitschern, eine junge Katze streicht um die Kirche herum. Ein friedlicher Vorfrühlingstag, nichts erinnert an den Tod. Im Schatten einer Zypresse lese ich noch einmal nach, was der Schweizer Kaufmann Henry Dunant geschrieben hat, der die Schlacht damals aus nächster Nähe miterlebte. In seiner *Erinnerung an Solferino* berichtet er, wie die, die eben noch als Feinde besinnungslos übereinander herfielen, plötzlich gemeinsam zu Opfern wurden, schwerverletzt in denselben Himmel starrten. Als die Schlacht vorüber war, lagen in den Hospitälern und Kirchen »Seite an Seite Kranke aller Nationen«, schreibt er. Daß im Beinhaus jetzt die Überreste ehemaliger Feinde nebeneinanderliegen, wäre in seinem Sinne gewesen – die penible Knochen-Aufreihung jedoch steht in krassem Gegensatz zu seiner Beschreibung. Dunants Chronik enthält viele drastische Details, furchtbare Momentaufnahmen von Krieg und Chaos: Schmerzensschreie, zermalmte Glieder, zerplatzte Köpfe, blutdurchtränkte Erde – nichts wird ausgespart oder abgemildert. Von der Seele schreiben konnte sich Dunant die Schrecken, die er erlebt hat, mit Sicherheit nicht, sie begleiteten ihn ein Leben lang. Aber der Schweizer behielt sie auch nicht für sich: Er schickte seine Anti-Kriegs-Reportage an Politiker verschiedener Länder und regte die Gründung einer neutralen humanitären Hilfsorganisation an. Heute ist am Ortsschild von Solferino ein kleines gelbes Schild angebracht: »Hier wurde die Idee des Roten Kreuzes geboren.« So steht Solferino nicht nur für kriegerische Gewalt, sondern dank Henry Dunant auch für die Überwindung von Ohnmacht. Und das sind vielleicht die entscheidenden Milligramm Trost, die man braucht, um diesen Ort wieder verlassen zu können.

In der Umgebung von Solferino fällt mir auf, wie viele Kreuze auf den Feldern stehen, eines neben dem anderen, schmucklos und karg. Zu dieser Jahreszeit wirken die Felder wie Soldatenfriedhöfe. Erst später, wenn das Laub aus den ausgestreckten Zweigen treibt, wird die Kulisse lieblicher. Den Wein, der im Umkreis der ehemaligen Schlachtfelder wächst, kann man direkt beim Erzeuger kaufen. Auf der Rückfahrt zum Gardasee mache ich an einer kleinen Kellerei halt, die direkt neben dem Kriegsmuseum von San Martino liegt, einem 65 Meter hohen Turm. Im Sommer sendet er nachts patriotische Leuchtsignale in den italienischen Farben aus, und die Scheinwerfer sind kilometerweit zu sehen. In der Weinkellerei deckt die Winzerin gerade den Mittagstisch. Der Duft von gegorenen Trauben hängt in der Luft, aus der Küche riecht es nach Knoblauch und gebratenem Fleisch. Die Signora zeigt mir den Lagerraum, in dem sich die vollen Weinkartons stapeln. Auf einer Verpackung entdecke ich eine Aufschrift, die sich mir wahrscheinlich für immer einprägen wird: »Tocai di San Martino della Battaglia«. Darf ich probieren? Die Signora nickt und öffnet eine Flasche. »Der Tokajer ist vom letzten Jahr, eine besonders gute *D. O. C.*-Qualität.«

Für sie ist das offensichtlich ein Wein wie jeder andere auch. Sie schenkt mir ein halbes Glas ein, hebt symbolisch die Hand, als wolle sie mir zuprosten. Der Wein ist trocken und moussiert leicht – keine Frage, er ist sehr schmackhaft. Kaufen oder nicht kaufen? Schließlich entscheide ich mich – dagegen. Wer möchte schon mit Schlachten-Wein anstoßen?

Der Krippenbauer von Campi

Gino Simoni hat sich eine Woche lang geziert. Es gibt eh nichts zu sehen, sagt der Weinbauer mit den freundlichen, etwas melancholischen Augen. Mit verschränkten Armen sitzt er steif am Küchentisch, als sei er bei sich selbst zu Gast. Seine kurzen Sätze vernuschelt er am Ende, dazu spricht Gino leise wie ein Souffleur und noch dazu Dialekt. An dieses Sprach-Idiom muß man sich gewöhnen. Gino Simoni wurde in Campi geboren und ist, keine Frage für ihn, in Campi geblieben – bislang schon mehr als ein halbes Jahrhundert. Das 450-Einwohner-Bergdorf im Norden gehört verwaltungstechnisch zu Riva. Vor rund 500 Jahren ist es aus einer Not entstanden: In Riva wütete die Pest, und so setzte von dort aus ein Flüchtlingsstrom in die Berge ein. Auf diese Weise wurde auch Campi gegründet: Aus primitiven Hütten und Verschlägen wurden allmählich Häuser – eine Berg-Enklave, um dem Tod in Riva zu entgehen.

Gino Simoni, Vater von zwei Kindern, ist im Norden eine Lokalgröße. In Riva, Arco, Campi und anderswo hat er bereits ausgestellt. Und hätte bei jeder Schau zum mehrfachen Lire-Millionär werden können. Allerdings hat er die Spenden, die er bekommen hat, immer gleich an wohltätige Einrichtungen weitergeleitet. Mehr als 8000 Stunden seines Lebens hat er nur gebaut und dabei Unmengen von Styropor, Holz und Pappe verbraucht. Seine Welt besteht aus Feinmechanik. Eine Welt, in der jeder Millimeter durchdacht ist, eine Bastion gegen die

Beliebigkeit des Seins. Gino Simoni konstruiert Krippen, die völlig anders sind als das klassische Kirchen-Inventar zur Weihnachtszeit. Er läßt riesige Dome, halbe Dörfer entstehen – und irgendwo ist darin auch eine Krippe mit dem Jesuskind versteckt. Was ihn interessiert, sind Szenen aus dem Alltag: Gärten, Hühner, Wäscheleinen, an denen noch Gardinen zum Trocknen hängen.

Warum darf ich das alles nicht sehen? Gino streicht über seinen Drei-Tage-Bart. Er redet nicht gern über sich und schon gar nicht über Provisorien. Ein Teil seiner Arbeiten sei sowieso weggeschlossen, der andere noch völlig unfertig – Rohbau, Unordnung, Chaos! Sozusagen nicht existent. In solchen Momenten helfen nur Geduld und Grappa. Oder beides. Ginos Frau schenkt jetzt aus der schlanken Flasche großzügig ein, als wäre Quellwasser aus den Bergen drin. Nach ein paar Gläsern steht ihr Mann auf. Ich hebe zu einer Verabschiedung an. Gino schüttelt den Kopf und führt mich zu seiner Garage. Er habe mich ja gewarnt, sagt er, und knipst ein paar Scheinwerfer an. Riesenhaft ragt der Dom von Trient in der kleinen Garage auf, unvollkommen und trotzdem perfekt. Jede Uhr, jedes Fenster, jede Kirchenbank ist das Produkt liebevoller Akribie, strahlt Wärme aus, weit entfernt von sterilem Naturalismus. Ich warte nur darauf, daß Kirchenbesucher in das Hauptschiff schlendern, sich auf die Holzbänke setzen und anfangen zu singen.

In einer anderen Ecke der Garage steht eine weitere Kirche, streng, erhaben, ohne störende Schnörkel. Sie ist kein Nachbau, sondern ein Phantasie-Produkt. Ob sie eines Tages tatsächlich gebaut wird? Also umgekehrt:

Die Kunst stellt nicht die Wirklichkeit nach, sondern liefert ihr ein Modell. Gino zuckt mit den Schultern. »Das interessiert mich nicht.« Dafür erzählt er von den komplizierten Elektro-Installationen, um die Beleuchtung in der Kirche sicherzustellen, von den 600 Flaschen Silikon, die er als Klebstoff für sein Bauwerk braucht. Jede freie Stunde, jede Lira steckt er in seine monumentalen Miniaturen. Seine Frau habe sich damit abgefunden: Besser, als wenn das ganze Geld in den Kneipen hängenbleibt ... Im schwachen Kunstlicht seiner Garage redet sich der Weinbauer in Fahrt und gibt ein Konstruktions-Geheimnis nach dem anderen preis. Ein Perfektionist, der mit der gleichen Kompromißlosigkeit Sonnenblumen malen, Worte auftürmen oder in einem Faß philosophieren könnte. Und der daran glaubt, daß es ihm gelingen wird, die Welt in einer – seiner – Nußschale zu bauen. Ohne diesen Glauben würde der Weinbauer wohl nicht in Kauf nehmen, sich in der dunklen Garage für immer die Augen zu verderben. Solange er dort hockt, muß er sich die Frage nach dem Sinn des Lebens nicht stellen.

Er sei ein nervöser Typ, sagt Gino Simoni, aber seit er seine Objekte baut, sei er viel gelassener geworden. Gelegentlich läuft er auch, stundenlang und ganz allein wie Büchners Lenz, durchs Gebirge, beobachtet ausgiebig Schmetterlinge und Ameisen. Und dann breitet sich eine königliche Ruhe in ihm aus.

Das Phantom von Riva

Keiner weiß, ob er noch in Riva ist. Aber es kann nicht schwer sein, ihn zu erkennen. Haare und Bart sind lang und wirr, seine Haut ist sonnengebräunt. Vor langer Zeit war Gracchus Jäger in Süddeutschland. Dort hat er eines Tages einen Wolf geschossen, ihm das Fell abgezogen, und darauf hieß er »Der große Jäger vom Schwarzwald«. Heute schießt Gracchus nicht mehr. Er ist schwach und muß getragen werden, er ist nicht tot, aber auch nicht lebendig. Immer wartet er auf der großen Treppe, die ins Jenseits führt, aber er darf nicht durch das Tor hindurch. Warum der Jäger nicht vorgelassen wird, weiß er nicht. Also fährt Gracchus auf einem Kahn quer durch die Welt, ein ewiger Nomade. Während seiner Irrfahrt kommt er auch an den Gardasee. »Und nun gedenken Sie bei uns in Riva zu bleiben?« fragt ihn der Bürgermeister. Doch Gracchus weiß nicht, was er zu tun gedenkt. Entweder sein Boot fährt, dann muß er weg, oder es fährt nicht, und er bleibt. Als Untoter hat er nichts zu entscheiden.

Franz Kafka schrieb seine düstere Erzählung *Der Jäger Gracchus* 1916/17, den Schauplatz hatte er schon einige Jahre zuvor besucht. Zweimal war der Schriftsteller in Riva gewesen, 1909 und 1913, beim zweiten Mal als Patient in einem Sanatorium. Auch andere Schriftsteller kamen zur Kur in die elegante Stadt zwischen Hochgebirge und Oliven-Riviera, nutzten sie als Ruhe- und Rückzugsort zum Schreiben und genossen den wohltemperierten Winter, der an manchen lauen Tagen schon

Frühlingsgefühle weckt. Thomas Mann schrieb hier an seiner Erzählung *Tonio Kröger*, und auch Rainer Maria Rilke, D. H. Lawrence, Frieda von Richthofen oder Heinrich Mann zog es an den nördlichen Ausläufer Arkadiens. Johannes Brahms wurde 1880 Opfer seiner eigenen Gelassenheit: Bei einer Bootsfahrt wiegte ihn das gleichmäßige Schaukeln in den Schlaf, sein Boot trieb nach Süden ab, so daß er auf italienisches Terrain geriet und beinahe von den Wachen festgenommen worden wäre – Riva gehörte damals zu Österreich und kam erst später, 1919, zu Italien.

Franz Kafka, der 1913 zwei Wochen in Riva zur Kur war, hatte auf das gesellschaftliche Leben in Dr. von Hartungens »Sanatorium und Wasserheilanstalt« offensichtlich wenig Lust. Ende September 1913 schreibt er an den Schriftsteller-Freund Max Brod: »Wie brauche ich das Alleinsein und wie verunreinigt mich jedes Gespräch! Im Sanatorium rede ich allerdings nichts, bei Tisch sitze ich zwischen einem alten General (der auch nichts spricht, wenn er sich aber einmal zum Reden entschließt, sehr klug spricht, zumindest allen andern überlegen) und einer kleinen italienisch aussehenden Schweizerin mit dumpfer Stimme ... Sonst lebe ich ganz vernünftig und erhole mich auch, seit Dienstag habe ich noch jeden Tag gebadet.« Seine Grundstimmung ist allerdings bewölkt, in einem anderen Brief aus Riva heißt es: »Manchmal glaube ich, daß ich nicht mehr auf der Welt bin, sondern irgendwo in der Vorhölle herumtreibe.« Wie der Jäger Gracchus.

Ob der unerlöste Schwarzwaldjäger inzwischen aus Riva abgefahren ist? Auf den ersten Blick habe ich

Schwierigkeiten, ihn mir in dieser Stadt vorzustellen. Venedig, das wäre etwas anderes, ein Ort, wo man gewohnt ist, überall das Morbide zu sehen oder zu inszenieren, in düsteren Kanälen, hinter bröckelnden Fassaden. Riva wirkt dagegen adrett herausgeputzt, die Palazzi an der berühmten *Piazza 3 Novembre* leuchten frisch getüncht in der Sonne. Der große Wachturm, die *Torre Apponale* aus dem 13. Jahrhundert, hat eine moderne blaue Uhr bekommen, die nicht zu dem hellen Sandstein paßt und – vielleicht aus Protest, wer weiß – längere Zeit einfach stehengeblieben ist. Die Pflastersteine am Hafen sind linealgerade verlegt, jeder Olivenbaum steht in der Mitte eines exakt ausgestanzten Kreises. Viele Fenster tragen barocke Verzierungen, ein gefälliger habsburgischer Zuckerguß überzieht die Stadt. Riva ist Italien und doch nicht Italien. Ein Zwitter, der ein Panoramafenster nach Norden und ein anderes nach Süden hat. Der Sehnsüchte nach echter *Italianità* weckt und einen gleichzeitig mit den eigenen Schablonen im Kopf konfrontiert. Italien, wie wir es lieben, ist die gelungene Kombination aus Stilgefühl und Schlampigkeit, Eleganz und Improvisation. Das Rostrot der Fassaden muß im Lauf der Zeit verblaßt und das Lächeln der Putti verblichen sein. Solche ästhetischen Raster sind vielleicht ungerecht – aber wann war Geschmack je gerecht?

Riva ähnelt nur selten sich selbst. Zu jeder Tages- und Jahreszeit sieht es anders aus, je nachdem, wie Licht und Schatten fallen. An keinem Ort am Gardasee erscheinen die Berge so gewaltig und nahe. Am Morgen liegt der Monte Baldo noch im Schatten, ein schlafendes Tier, während die Berge im Westen schon angestrahlt sind.

Um diese Zeit sind die Konturen gestochen scharf, und jeden Morgen suche ich mir einen neuen Gipfel aus, auf den ich hinüberspringen möchte. Am Vormittag bläst häufig der »Tramontata«, ein kühler Wind aus dem Norden. Wenn mittags aus dem Süden der kräftigere Wind »Ora« aufkommt, der die Surfer bis zum frühen Abend auf ihren Brettern hält, legt sich ein Schleier über das Gebirge. Wasser und Berge rücken zusammen, und bis zum Nachmittag sind die Übergänge fließend. Auch jetzt, im Spätsommer, herrscht noch Hochbetrieb auf der Terrasse des *Café Italia*. Die Kellner schwitzen, die Touristen lehnen sich in ihren Stühlen zurück, vor ihnen schmilzt das Eis in den Bechern. Doch ganz plötzlich wechselt die Kulisse: Jemand legt einen Schalter um, das Licht ist weg – die Berge haben die Sonne geschluckt. Ob das immer so ist, will ich vom Kellner wissen, ich gebe zu, ich bin etwas beleidigt, daß ein träge fließender Sommertag so jäh zu Ende ist. »Es ist vier Uhr, Signora, das ist ganz normal, im Winter geht das Licht viel früher aus.« Nebenan, in Torbole, ist noch Sommer, die Nachmittagssonne fällt schräg auf die hellen Schindeldächer. Weiter östlich, vor dem Monte Baldo, schwebt ein Gleitschirm hoch oben im Licht, irgendwo zwischen Segel und Seilen hängt ein Mensch, sein Blick kann in die Weite gehen, und er fällt so langsam den Himmel hinunter, daß ich Zeit habe, neidisch auf ihn zu werden.

In Riva ist die Luft mit einemmal kühl geworden, der Ort wirkt herbstlich, wie vorzeitig gealtert. Schon bricht der Abend herein, die blaue Stunde ist kürzer als anderswo, und jemand gießt immer mehr schwarze Tinte in den Himmel. Rasch leeren sich die Straßencafés, die Flaneure verschwinden aus den Gassen, und die Schnörkelfenster verblassen in der Dunkelheit. Das ist ganz sicher die Stunde des Jäger Gracchus, der geduldig am Hafen wartet, worauf auch immer. Der See ist von Bergen zugestellt, immer weiter rücken die hohen Wände auf ihn zu. Wegfahren oder bleiben? Gracchus hat wie immer keine Wahl, aber er träumt von den Olivengärten im Süden, dort, wo der Gardasee sich weitet. Bald geht er durch ein großes Tor – in der Phantasie zumindest darf er hindurch.

Arco und die Dame mit dem Hündchen

Manchmal erkenne ich sie schon von weitem an ihrer roten Strickjacke mit den Goldknöpfen, die aussehen wie alte Dukaten. Ab und zu höre ich auch ein schrilles Kläffen und weiß, sie ist nicht weit. Dreimal am Tag, zu festen Zeiten, spaziert die Signora mit ihrem winzigen Hündchen durch die Palmenallee vor dem *Casinò* von Arco. Massimo, so heißt das Tier, ist eine Promenadenmischung und ausgesprochen häßlich: Er ist dünn wie eine Massagegurke, und das Fell fühlt sich kratzig an, wenn man darüberstreicht. Immer wieder bleibt der Hund stehen, um an den Rosen zu schnuppern, die sich üppig an den Palmen hochranken. Bei der zierlichen Wetterstation, auf deren Dach sich vier Putten tummeln, hebt er am liebsten das Bein, da soll bloß keiner sagen, eine Promenadenmischung habe keinen Geschmack. Die Signora ist ebenfalls eine Art Wetterstation. Jedesmal, wenn ich sie treffe, begrüßt sie mich erfreut, um danach ausführlich die Lage zu kommentieren. Ihr Wetterbericht fällt meist negativer aus als mein eigener, aber wer aus dem Norden kommt, soll bekanntlich mit Italienern nie über »il tempo« debattieren. »Ein schöner Morgen für Ende September«, sage ich. »Ja«, räumt sie ein, »aber die Wolken müssen sich noch verziehen.« Ich sehe nur ein paar Windwolken, zart wie Federn. »Höchste Zeit, daß die Sonne rauskommt, gestern war das Wetter ausgesprochen übel. Sogar Massimo hatte all seine Lebensfreude verloren, er reagiert sofort auf jede atmosphärische Störung.« Ich nicke unschlüssig. »Solange ich meinen Mann hatte«, erzählt sie, »gab es Massimo noch nicht in meinem Leben.« Giorgio sei ein bekannter Architekt gewesen und vor fünf Jahren gestorben. Seitdem lebt sie allein in der viel zu großen Mailänder Wohnung, in der Massimo sich am Anfang ständig verlaufen habe, »poverino«. Zum ersten Mal seit dem Tod ihres Mannes sei sie jetzt allein in Urlaub gefahren. Eine Freundin habe ihr das elegante Arco mit seinen gepflegten Parks empfohlen. Daß der Ort nicht direkt am Gardasee, sondern ein paar Kilometer landeinwärts liegt, sei ihr nur recht. »Alle Seen haben etwas Melancholisches. Finden Sie nicht?« Sie zurrt an der Hundeleine, meine Antwort interessiert sie nicht wirklich, Hauptsache, ich höre ihr zu.

Am Nachmittag sitzt die Signora häufig im Café des pompösen k. u. k. Kasinos, das aus der Zeit stammt, als Arco dem österreichischen Hof als Wintersitz diente. Die Stadt am Südzipfel des Habsburger Reiches wurde damals zum mondänen Kurort, in einem zeitgenössischen Städteporträt von 1893 heißt es sogar, die Atmosphäre erinnere an Cannes, das an die Ausläufer der Alpen verlegt worden sei. Das Café ist groß wie ein Ballsaal, die Terrasse verbreitet einen Hauch von italienischem Flair, ist aber meist leer. Auch die Dame mit dem Hündchen nimmt immer drinnen Platz. Eine Spielecke ist diskret mit Holzbalustraden abgeteilt, Männer werfen Karten auf grüne Filzdecken, die fast alle Geräusche schlucken, nur gelegentlich klappern ein paar Plastikchips. Die älteren Damen sitzen bei Kaffee und Apfelstrudel an runden Tischchen, und ihre grauen Köpfe verschwinden hinter den Zeitungen. Etwas eingefallen sieht die Signora auf dem weichen Ledersofa aus, verloren in dieser Welt von gestern. Da sie vor einem goldverzierten Spiegel sitzt, sehe ich sie doppelt. Die Frisur ist ein luftiges Nest aus wetterfest gesprayten Locken, das Make-up makellos, die schweren Ohrringe ziehen die Ohrläppchen leicht nach unten. Ob sie schon älter als siebzig ist? Als sie mich sieht, winkt sie mich energisch an ihren Tisch und erzählt, sie sei gestern am See, in Riva, gewesen. Doch die »elegante Welt«, wie sie sich ausdrückt, habe sie zwischen den vielen Surfern und Radfahrern leider nicht angetroffen, dabei reiche es ihr schon völlig, daß so viele Touristen durch Arco hindurchstrampelten. In Riva habe sie im Foyer des *Hotel Du Lac* einen deutschen Industriellen kennengelernt, der sich ihr mit den Worten »Schwindt mit DT wie Damentoilette« vorgestellt habe. Sie könne zwar wenig Deutsch, aber das habe sie – leider – verstanden. Der Gipfel der Geschmacklosigkeit. Ich stimme ihr zu. »Ich glaube, ich muß ans Meer. Eigentlich wollte ich meinen Urlaub sowieso lieber an der Riviera verbringen.« Nach einer Pause sagt sie noch mal »ans Meer«, und es klingt wie bei den drei Schwestern im Theaterstück von Anton Čechov, die unbedingt »nach Moskau« wollen, aber über ihre Sehnsucht nicht hinauskommen. Sie glauben, Moskau würde alle quälenden Fragen nach dem Sinn des Lebens mit einem Schlag lösen. Ob die Dame mit dem Hündchen am Meer glücklicher wäre?

Am nächsten Morgen ist es kalt und nieselt. Die Palmenallee ist fast menschenleer, ein Gärtner zupft Unkraut aus einem Rosenbeet. In einem der schmiedeeisernen Pavillons steht die Signora und schüttelt ihren Regenschirm aus. Massimo trägt ein dunkelrotes Strickleibchen, das farblich auf die Jacke seiner Herrin abgestimmt ist, und er hat Ähnlichkeit mit einer Salami. Als sie mich sieht, deutet sie zum Himmel und sagt: »Katastrophe. Anders kann man es nicht nennen.« Ich verstehe, ich soll jetzt schweigen, und nicke.

Am nächsten Tag habe ich sie nicht mehr gesehen und am übernächsten auch nicht. Ob sie nach Mailand zurückgefahren ist? Ich hatte mich allmählich an ihren täglichen Wetterbericht gewöhnt. Auch hätte ich gern mehr von ihr erfahren: Was sie den langen Winter über macht, ob sie ab und zu ins Theater geht, ob sie ihre Tochter, die nach Bari – »Dio mio, Bari!« – geheiratet hat, besucht. Aber ich habe keine Adresse von ihr, und auch ihren Namen weiß ich nicht. So sind wir – frei nach dem schönen Bild des amerikanischen Schriftstellers Longfellow – wie zwei Schiffe, die sich nachts begegnen und dann wieder in der Dunkelheit verschwinden. Nachdem die Dame mit dem Hündchen Arco verlassen hatte, war der Himmel tagelang leuchtend blau.

Gottes Öl fließt nur im Winter

Die Welt ist in Kälte erstarrt. Minusgrade am hellichten Tag. Ziemlich scheußlich – darüber sind sich alle einig. *Bresciaoggi*, die Lokalzeitung am südlichen Westufer, hat wieder ein großes Thema, das alle interessiert: der Gardasee »im Würgegriff des Winters«. Dabei ist die klirrende Dezemberkälte kein Jahrhundertereignis, sondern fast so normal wie die lähmende Augustschwüle. Eine alte Frau steht in hochgeschlossenen Filzpuschen an der Bushaltestelle der häßlichen Durchfahrtsstraße von Salò. »Das sind meine wärmsten Schuhe«, erklärt sie jedem, der es hören oder auch nicht hören will, »so kalt war es seit dem Krieg noch nie.« Was nicht stimmt. Aber Italiener sind Meister darin, sich über Bekanntes immer neu aufzuregen, als wäre es das erste Mal. Dieser Boykott des Kurzzeitgedächtnisses hat einen großen Vorteil: So läßt sich Langeweile vermeiden.

Am zweiten Weihnachtstag, der auch in Italien ein Feiertag ist, drängen sich auf der langen Uferpromenade von Salò, dem *Lungolago Zanardelli*, die frierenden Flaneure. Diese idyllische Meile, auf der weder Autos fahren noch Vespas knattern dürfen, ist vor hundert Jahren entstanden, nachdem Salò von einem schweren Erdbeben heimgesucht worden war. Parallel zum Lungolago verläuft die Geschäftsstraße, die dem Besucher den Eindruck vermittelt, daß er sich hier in einer wirklichen Kleinstadt befindet anstatt – wie an anderen See-Orten – in einer gesichtslosen Souvenirmeile. Viele Läden haben an diesem heiligen Nachmittag geöffnet. In einigen

Schaufenstern ist das typische Krippenpersonal aufgebaut, und das Christkind sieht aus wie eine wohlgenährte Putte. Die Italienerinnen stolzieren in Kurzpelzen und hochhackigen Schuhen übers Pflaster. Die Männer müssen nicht ganz so schön sein und deshalb auch nicht leiden, sie tragen Lammfelljacken und manche sogar Wollmützen. Die rotwangigen Mädchen strahlen in ihren hellen Mänteln wie die Weihnachtsengel, die Jungs in Blazer und Krawatte sehen aus wie kleine Erwachsene.

Die heilige Messe findet um sechs Uhr im Dom statt, einem spätgotischen Bau, der groß und klobig zwischen den engen Gassen aufragt. Das Renaissance-Portal aus Marmor, von Säulen getragen und mit Skulpturen verziert, paßt nicht recht dazu. Die gesamte Vorderfront erinnert an eine Frau, die immer nur Hemdblusenkleider trägt und dazu nun die neue Weihnachts-Stola umgelegt hat. Wer den dreischiffigen Innenraum betritt, ist verblüfft über die Größe des Doms und den Reichtum an Kunstschätzen. In den düsteren Seitenkapellen fühlt man sich wie in einer Gemäldegalerie – vielleicht hätten die Architekten des Doms die Fenster etwas größer bauen sollen. Dann würde der Besucher auch gleich die respektlose Ironie bemerken, mit der der Renaissancemaler Girolamo Romanino eines seiner Bilder versehen hat – mein Lieblingsgemälde hier im Dom. Es zeigt, damals durchaus üblich, den Stifter des Kunstwerks zusammen mit dem für ihn zuständigen Heiligen. Der Maler konnte den Wohltäter offenbar nicht leiden, denn er hat ihn ausgesprochen fett und selbstgefällig gezeichnet – kein Wunder, daß sich die Engel in die Ecken des

Bildes verkriechen. Möchte man so der Nachwelt überliefert werden?

Der Dom ist um kurz vor sechs schon rappelvoll. In gemessenem Schritt prozessieren die Familienclans durch den Mittelgang, um sich auf den Holzbänken niederzulassen. Sie demonstrieren Einigkeit und Harmonie, Weihnachten ist das Fest der Familie, das sagt auch der Priester während der Messe immer wieder. Und er ermahnt all seine festlich gestimmten Schäfchen – padre, madre, bambini –, sich anzustrengen, um zum Erhalt der Familie beizutragen. Seine Botschaft läßt keinen Zweifel: Die Familie ist das einzige gesellschaftliche Modell, das als Vorbild taugt, Singles oder Homosexuelle haben darin keinen Platz. Da der Priester – obwohl Italiener – das R nicht rollt, sondern irgendwo hinten im Rachen verabschiedet, wirkt seine Ansprache noch etwas harscher.

Nach der Messe scharen sich viele Familien um die riesige Krippe auf dem Domplatz. Ein ganzes Dorf ist hier nachgebaut, mit Häusern, Handwerkern, Schubkarren und Viehherden. Ein Stilleben, das mitteleuropäische Gemütlichkeit ausstrahlt und von der Armut im Heiligen Land nichts spüren läßt. Sogar ein mit Wasser angetriebenes Mühlrad ist vorhanden, das leise vor sich hin plätschert. Mir fällt ein Satz von Friedensreich Hundertwasser ein: »Ohne Kitsch ist die Welt unerträglich.« Der Krippen-Kitsch von Salò bestätigt dieses großzügige Wort. Er ist so liebevoll inszeniert, daß ein paar Rührungstränen fließen dürfen – schließlich ist Weihnachten. Vielleicht ist das wasserbetriebene Mühlrad überhaupt deshalb errichtet worden.

Zum Fest ist jeder Ort am Gardasee herausgeputzt. In Salò wird ein Wettbewerb um die schönste Krippe veranstaltet, und mindestens zwanzig, zum Teil sehr kunstvolle Miniaturen sind am Start (eine sogar unter Wasser!). Aber auch kleinere Dörfer können mindestens eine holzgeschnitzte Krippe vorweisen, die mit ihren fein ziselierten Figuren inmitten von Tannen- und Olivenzweigen das Herz erwärmt. Daneben steht vielleicht eine mit Lichterketten durchwirkte Zypresse – ein südlicher Weihnachtsbaum, feierlich und heiter zugleich. An den Türen der Häuser hängen Mistelzweige, und in den Vorgärten sind Büsche und Zäune mit bunten Schleifen und Geschenkboxen behängt. An diesen besonderen Tagen zwischen den Jahren üben sich die Menschen in heiterer Nachdenklichkeit und geben sich Weisheiten fürs nächste Jahr, wenn nicht fürs Leben mit auf den Weg. »Man muß sich stets bemühen – nur das Schicksal kann man nicht beeinflussen.« Oder: »Wer selbst nicht geben kann, dem wird auch nicht gegeben.« Und erstaunlicherweise denke ich an diesen angenehm entschleunigten Tagen tatsächlich über solche Sätze nach, die ich unter normalen Umständen als platte »Baci-Philosophie« abgetan hätte (»Baci« sind die herrlichen Pralinés in silberblauem Papier, zu denen es auf einem Beipackzettel noch eine Lebensweisheit gibt). Selbst die Busfahrer entdecken jetzt den Sokrates in sich und schimpfen nicht mehr über den »matto«, den Verrückten im Fiat vor ihnen, der so waghalsig überholt, als müsse er der erste auf der Zielgeraden ins neue Jahr sein. Statt dessen denken sie laut über das Leben nach, und nie war das Schild »Non parlate all' autista« (Bitte nicht mit dem Fahrer sprechen) unnützer als in diesen Tagen. Der häufigste Gruß zwischen den Jahren ist »Auguri«: Man wünscht sich alles Gute, wofür, das kann der Angesprochene im stillen für sich entscheiden. Dabei ist es ein Muß, diese Auguri zurückzugeben, wer das nicht tut, kommt nicht in den Himmel – aber ohnehin beglückwünscht jeder jeden an diesen Tagen gern.

In vielen Restaurants werden für den Silvesterabend opulente Menüs angeboten. In Zeitungen und im Radio werben die Lokale für ihr »Cenone di San Silvestro«, das »phantastisch, gigantisch und unvergeßlich« ist mit seinen »sieben großartigen Gängen«. Bei aller Skepsis gegenüber so viel Wortgeklingel: In den gehobenen Lokalen sind die Menüs tatsächlich ein kleiner Vorgeschmack aufs Paradies, und ich weine dem deutschen Fondue-Brauch keine Träne nach. Lachs-Mousse, Perlhuhn, Entenbrust, Forelle, Pasta mit Steinpilzen oder Trüffeln und Dattelstrudel stehen auf den Speisekarten. Die Gäste tragen an diesem Abend rote Unterhosen, nicht sichtbar, aber bei den Damen unter hauchdünnen Röcken zu erahnen. Schon Wochen vor Silvester wird jeder an diesen Brauch erinnert, wenn die rote Pracht in den Schaufenstern der Dessous-Läden ausgestellt ist. Die Farbe Rot, Symbol für Glück und Liebe, hat außerdem die Funktion eines Banners: Wer sie trägt, will den Neid der anderen von sich abwenden.

Schlägt die Uhr schließlich zwölf, gehen die Gäste nach draußen, um den vereinzelten Raketen zuzusehen, die – in großen Abständen entzündet – ihre Sternenmuster in den Himmel sprengen. Danach kehren sie an ihre Tische zurück und lassen sich mit jedem Glas Sekt eine

Grappa reichen. Dazu gibt es jede Menge Baci – in diesem Fall echte. Noch nie bin ich an einem Abend von so vielen Unbekannten geküßt worden wie am Ultimo des Jahres im Lokal *Agli Angeli* in Gardone. Ein Giovanni schmatzt auf meine linke Wange, eine Marietta hinterläßt rechts ihren pflaumenfarbenen Lippenstift. Und ich revanchiere mich fleißig, denn ich will nicht mit Schulden ins neue Jahr gehen, und außerdem macht das große Küssen zum Knallen der Sektkorken Spaß. Danach fallen sich die Gäste in die Arme zum Tanz und schaukeln paarweise an den Tischen vorbei. Irgendwann, zu später Stunde, schwinge ich wein- und silvesterselig nach draußen und erkläre diesen ersten Ersten des Jahres zum Fastentag. Aber was mache ich mit dem Strudel, den ich so nachdrücklich gelobt habe, daß die Wirtin gar nicht anders konnte, als mir ein paar Stücke mitzugeben? Der erste Januar, ich weiß es, wird ein guter Tag.

Im Winter ziehen sich die meisten Dörfer am Gardasee auf sich selbst zurück. Viele Hotels und Restaurants sind geschlossen, die Besitzer häufig in ihre Ferienhäuser in den Bergen verschwunden. Der Schiffsverkehr ist weitgehend eingestellt, Angler werfen in aller Ruhe ihre Köder aus, Schwäne ziehen gravitätisch über das Wasser. Viele Zitronenbäume sind mit Plastik umwickelt – dick eingepackt gegen den Frost wie die Großmütter an den Bushaltestellen. An einigen Bäumen leuchten rote Früchte wie Lampions, Kaki genannt, die allerdings etwas mehlig schmecken. Da sie besonders nahrhaft sind, waren sie nach dem Zweiten Weltkrieg sehr beliebt. Heute ernten die Bauern sie häufig gar nicht erst ab, sondern lassen sie einfach ins Gras oder auf die Straße plumpsen. Die Natur ist sich selbst überlassen, der See verbreitet meditative Ruhe, und der Tourismus dümpelt zwischen erstem Gang und Leerlauf.

Überall am Gardasee werden jetzt in den Ölmühlen Oliven gepreßt. Besonders gern mag ich den *Frantoio* in Fasano am Westufer, wie viele andere Mühlen an einem Gebirgsbach gelegen. Aus unzähligen Schläuchen und Preßmaschinen rinnt der sirupdicke Saft. Große Mahlsteine zerquetschen die Oliven zunächst zu einem dicken Brei, der dann zwischen kreisrunde Matten gelegt wird. Dieses Sandwich aus Matten und Matsche wird mehrmals ausgepresst, bis nur noch torfige Platten zurückbleiben. Nichts verschwindet in dieser Mini-Fabrik hinter sterilen Verschalungen, alles liegt offen: von den prall gefüllten Jutesäcken, in die die Bauern ihre Oliven gestopft haben, bis zu den großen Fässern mit dem dickflüssigen Öl. Vieles – etwa der Transport der Sandwichs von einer Presse zur anderen – geschieht noch per Hand. In den dunklen Räumen dieser tropfenden Höhle liegt ein Duft, von dem ich sofort benommen werde: Öl, Nuß, Zitrone, frische Früchte – und Sommer. Und all das mitten im Winter. Der Chef der Ölmühle bleibt seltsam einsilbig. Bekommt jeder Bauer sein eigenes Öl? Schwer möglich. Also werden auch verschiedene Olivensorten gemischt? Si. Kann man bei ihm auch nur einen Liter kaufen? Si. Als er bedächtig eine Flasche abfüllt und ein Pappschild mit der Adresse anhängt, ist er so schweigsam, als würde er eine rituelle Handlung begehen. Seine Haltung drückt unmißverständlich aus: Reden ist Silber, Schweigen ist Gold – wie der Saft, der hier gepreßt wird. Man darf das göttliche Öl nicht stören.

An manchen kalten Tagen ist der Himmel königsblau, sind die Konturen so glasklar, daß jede Burgzinne, jeder Berggipfel wie gestochen wirkt. Die Blätter der Olivenbäume leuchten silbrig in der Sonne – ein beinahe surreales Bild vor der alpinen Kulisse. Wenn sich abends ein rosarotes Licht über das schneebedeckte Monte-Baldo-Massiv senkt, stehe ich plötzlich wieder mittendrin in der Kitsch-Postkarte. Aber diesmal habe ich sie fast für mich allcin.

Literarische Reisebegleiter
im insel taschenbuch
Eine Auswahl

Städte

Athen. Literarische Spaziergänge. Herausgegeben von Paul Ludwig Völzing. Mit farbigen Fotografien. it 2505. 336 Seiten

Bayreuth. Ein literarisches Porträt. Herausgegeben von Frank Piontek und Joachim Schultz. Mit zahlreichen Abbildungen. it 1830. 208 Seiten

Mit Brecht durch Berlin. Ein literarischer Reiseführer. Von Michael Bienert. Mit zahlreichen Fotografien. it 2169. 271 Seiten

Literarischer Führer Berlin. Von Fred Oberhauser und Nicole Henneberg. Mit zahlreichen Abbildungen, Karten und Registern. it 2177. 517 Seiten

Bremen. Literarische Spaziergänge. Von Johann-Günther König. Mit farbigen Fotografien. it 2621. 272 Seiten

Budapest. Ein literarisches Porträt. Herausgegeben von Wilhelm Droste, Susanne Scherrer und Kristin Schwamm. Mit zahlreichen Fotografien. it 1801. 283 Seiten

Chicago. Porträt einer Stadt. Herausgegeben von Johann Norbert Schmidt und Hans Peter Rodenberg. Mit farbigen Fotografien. it 3032. 330 Seiten

NF 31/1/3.05

Dresden. Ein Reisebuch. Herausgegeben von Katrin Nitzschke unter Mitarbeit von Reinhardt Eigenwill. Mit zahlreichen Abbildungen. it 1365. 294 Seiten

Dublin. Ein Reisebegleiter. Von Hans-Christian Oeser. Mit farbigen Fotografien. it 3114. 220 Seiten

Frankfurt. Acht literarische Spaziergänge. Von Siegfried Diehl. Mit farbigen Fotografien. it 2197. 190 Seiten

Mein Frankfurt. Von Martin Mosebach. Ausgewählt und mit einem Nachwort von Rainer Weiss. Mit Fotografien von Barbara Klemm. it 2871. 176 Seiten

Granada. Ein literarisches Porträt. Herausgegeben von Nina Koidl. Mit farbigen Fotografien. it 2635. 243 Seiten

Hamburg. Ein Städte-Lesebuch. Herausgegeben von Eckhart Kleßmann. Mit zahlreichen Abbildungen. it 1312. 305 Seiten

Heidelberg-Lesebuch. Stadt-Bilder von 1800 bis heute. Herausgegeben von Michael Buselmeier. it 913. 385 Seiten

Istanbul. Ein Reisebegleiter. Von Barbara Yurtdas. Mit farbigen Fotografien. it 3026. 313 Seiten

Der Kölner Dom. Ein literarischer Führer. Herausgegeben von Markus Klein. Mit zahlreichen Abbildungen. it 2226. 149 Seiten

Leipzig. Literarische Spaziergänge. Herausgegeben von Werner Marx. Mit farbigen Fotografien. it 2710. 222 Seiten

Lissabon. Ein Städte-Lesebuch. Herausgegeben von Ellen Heinemann. it 2106. 390 Seiten

NF 31/2/3.05

London. Literarische Spaziergänge. Herausgegeben von Harald Raykowski. it 2554. 272 Seiten

Wolfgang Koeppen. Muß man München nicht lieben? it 2712. 160 Seiten

New York. Literarische Spaziergänge. Von Herbert Genzmer. Mit farbigen Fotografien. it 2883. 160 Seiten

Paris. Literarische Spaziergänge. Von Uwe Schultz. Mit farbigen Fotographien. it 2884. 272 Seiten.

Mit Proust durch Paris. Von Rainer Moritz. Mit zahlreichen Fotografien. it 2992. 160 Seiten.

Potsdam. Literarische Spaziergänge. Von Jochen R. Klicker. Mit farbigen Fotografien. it 2926. 416 Seiten

Rom. Ein literarisches Porträt. Herausgegeben von Michael Worbs. Mit farbigen Fotografien. it 2298. 320 Seiten

Mit Marie Luise Kaschnitz durch Rom. Herausgegeben von Iris Schnebel-Kaschnitz und Michael Marschall von Bieberstein. Mit Fotografien von Mario Clementi. it 2607. 196 Seiten

St. Petersburg. Literarische Spaziergänge. Von Ingrid Schalthöfer. Mit farbigen Fotografien. it 2833. 240 Seiten

Trier. Deutschlands älteste Stadt. Reisebuch. Herausgegeben von Michael Schroeder. Mit Fotografien von Konstantin Schroeder. it 1574. 260 Seiten

Tübingen. Ein literarischer Spaziergang. Herausgegeben von Gert Ueding. Mit zahlreichen Abbildungen. it 1246. 384 Seiten

NF 31/3/3.05

Venedig. Ein Reisebegleiter. Herausgegeben von Doris und Arnold E. Maurer. Mit zahlreichen Fotografien. it 3110. 190 Seiten

Weimar. Ein Reisebegleiter. Von Annette Seemann. Mit farbigen Fotografien. it 3066. 300 Seiten

Wiener Adressen. Ein kulturhistorischer Wegweiser mit Straßenplänen und Fotos von Dietmar Grieser. it 1203. 217 Seiten

Das Wiener Kaffeehaus. Mit zahlreichen Abbildungen und Hinweisen auf Wiener Kaffeehäuser. Herausgegeben von Kurt-Jürgen Heering. it 1318. 318 Seiten

Landschaften • Länder • Kontinente

Amerika

Kalifornien. Ein Reiselesebuch. Herausgegeben von Herbert Genzmer. Mit farbigen Fotografien von Till Bartels. it 2636. 282 Seiten

Harry Graf Kessler. Notizen über Mexiko. Herausgegeben von Alexander Ritter. Mit zahlreichen Abbildungen. it 2176. 182 Seiten

Martin Walser/André Ficus. Die Amerikareise. Versuch, ein Gefühl zu verstehen. Mit 51 farbigen Bildern von André Ficus. it 1243. 117 Seiten

NF 31/4/3.05

Asien

Indien. Ein Reisebegleiter. Von Martin Kämpchen. it 2996. 272 Seiten

Tibet. Erfahrungen auf dem Dach der Welt. Von Wilhelm Klingenberg. Mit zahlreichen Fotografien. it 1860. 198 Seiten

Deutschland

Hans Christian Andersen. Schattenbilder einer Reise in den Harz, die Sächsische Schweiz etc. etc. im Sommer 1831. Herausgegeben von Ulrich Sonnenberg. Mit zahlreichen zeitgenössischen Abbildungen. it 2818. 232 Seiten

Bodensee. Reisebuch. Herausgegeben von Dominik Jost. Mit farbigen Abbildungen. it 1490. 313 Seiten

Der Rhein. Eine Reise mit Geschichten, Gedichten und farbigen Fotografien. Herausgegeben von Helmut J. Schneider unter Mitarbeit von Michael Serrer. Mit Fotografien von Pieter Jos van Limbergen. it 1966. 206 Seiten

Die schönsten Schlösser und Burgen Deutschlands. Ein literarischer Reisebegleiter. Herausgegeben von Joachim Schultz. Mit farbigen Fotografien von Horst und Daniel Zielske. it 2717. 256 Seiten

Schwarzwald und Oberrhein. Der literarische Führer. Herausgegeben von Hans Bender und Fred Oberhauser. Mit zahlreichen Abbildungen. it 1330. 416 Seiten

NF 31/5/3.05

Sylt. Literarische Reisewege. Herausgegeben von Winfried Hörning. Mit zahlreichen Fotografien. it 2522. 260 Seiten

Martin Walser/André Ficus. Heimatlob. Ein Bodensee-Buch. it 645. 92 Seiten. it 2374. 96 Seiten

England

Hans-Günter Semsek. Englische Dichter und ihre Häuser. Mit farbigen Fotografien von Horst und Daniel Zielske. it 2553. 255 Seiten

Von Pub zu Pub. Eine literarische Kneipentour durch London und Südengland. Von Johann-Günther König. Mit farbigen Fotografien. it 2888. 272 Seiten

Frankreich

Das Elsaß. Ein literarischer Reisebegleiter. Herausgegeben von Emma Guntz und André Weckmann. it 2746. 256 Seiten

Französische Dichter und ihre Häuser. Von Ralf Nestmeyer. Mit farbigen Fotografien. it 3093. 250 Seiten

Mit Fontane durch Frankreich und Flandern. Herausgegeben von Otto Drude. Mit Fotografien von Christel Wollmann-Fiedler. it 2647. 144 Seiten

Wolfgang Koeppen. Reisen nach Frankreich. Mit farbigen Fotografien von Angelika Dacqmine. it 2218. 170 Seiten

NF 31/6/3.05

